明·仇英《松林六逸图》

李白流寓山东时，与孔巢父、韩沔（音免）、裴政、张叔明、陶沔五位名士志趣相投，六人隐居于徂徕山之白鹤湾畔，诗歌往还，世称“竹溪六逸”。此为“明四家”中仇英借题发挥之作，人物形象儒雅，笔墨工谨精微，敷色妍柔浓丽。

唐开元十一年·三彩釉陶骆驼载乐俑

1957年陕西西安鲜于廉墓出土

唐・双鱼金花银碗

1970年陕西西安何家村窖藏出土

唐·三彩女立俑

陕西西安独孤思贞墓出土 中国国家博物馆藏

唐·彩绘击马球俑

陕西长安韦洞墓出土 中国国家博物馆藏

唐·供养菩萨胡跪像

彩塑作半蹲半跪的“胡跪”姿态，塑工谨严，线条明快流畅，妆色淡雅，神性的庄严中，散发着人间气息。

隋大业四年·嵌珍珠宝石金手镯

1957年陕西西安李静训墓出土

①

② ③

④

① 唐・建中通宝

② 唐・开元通宝
（隶 欧阳询书）

③ 唐・乾元重宝

④ 唐・乾封泉宝

Mystery of Tang Dynasty

案卷里的唐朝法律故事

胡艺——著

中国法制出版社
CHINA LEGAL PUBLISHING HOUSE

图书在版编目（CIP）数据

案卷里的唐朝法律故事 / 胡艺著. -- 北京 : 中国法制出版社，2022.1（2024.4重印）
ISBN 978-7-5216-2112-9

Ⅰ. ①案… Ⅱ. ①胡… Ⅲ. ①唐律－通俗读物 Ⅳ. ①D929.42-49

中国版本图书馆CIP数据核字（2021）第163866号

责任编辑：周熔希　　封面设计 / 版式设计：夏商周

案卷里的唐朝法律故事

ANJUAN LI DE TANGCHAO FALÜ GUSHI

著者 / 胡　艺

经销 / 新华书店

印刷 / 北京虎彩文化传播有限公司

开本 / 880毫米×1230毫米　32开　　印张 / 6　字数 / 90千

版次 / 2022年1月第1版　　2024年4月第3次印刷

中国法制出版社出版

书号ISBN 978-7-5216-2112-9　　定价：39.90元

北京市西城区西便门西里甲16号西便门办公区

邮政编码：100053　　传真：010-63141852

网址：http://www.zgfzs.com　　**编辑部电话：010-63141817**

市场营销部电话：010-63141612　　**印务部电话：010-63141606**

（如有印装质量问题，请与本社印务部联系。）

目录

褚遂良买房案

明显不合理低价的合同

提起褚遂良，你可能会想到《雁塔圣教序》、初唐四大家，也可能会想到他是唐太宗临终托孤的顾命大臣，还可能会想到他强烈反对废王皇后、立武则天为后。但你可能不知道他曾因为强买别人的房子被弹劾，并被贬官出京，做了同州刺史。

永徽元年（650年），时为中书令的褚遂良以明显低于市场价格的金额购买了67岁的中书译语人史诃耽的房子，结果遭到了监察御史韦思谦弹劾。这个史诃耽是谁呢？他是一个在中书省当翻书译语直官的粟特人，职事品阶为正六品上。当时褚遂良已是正三品的中书令，而且是史诃耽所在单位中书省的最高长官。长官强买下属房子，这本是二人之间的私事，却被监察御史弹劾，这中间自是少不了史诃耽的告发。案件发往大理寺审核，大理丞张山寿认为，褚遂良强买房屋应当征铜20斤（以铜赎罪，相当于徒一年）；大理寺少卿张叡册则认为房屋售价是官估的，没有问题，褚遂良无罪。韦思谦坚持认为，官市可以由官估，由政府确定牌价，但是私人交易园宅及田地，不能用官估，张叡册舞弄文法，附下罔上，罪在当诛。这个案子告到了高宗那儿，高宗认为刑狱关系到人命，至关重要，像张叡册这样的人怎么能在大理寺任职呢？于是，褚遂良被贬为同州刺史，张叡册被贬为循州刺史。

本以为这个案件至此就算告一段落，但是不到两年，永徽三年（652年），褚遂良被复用，升为吏部尚书、同中书门下三品。韦思谦因为弹劾一事遭到报复，被贬出京为清水县令。韦思谦对别人说："我性格狂放粗率，被授予大权，遇事就要发作，遭祸害是理所应当的。然而大丈夫身居刚正之位，必须无所畏惧来报答国恩，终不能做碌碌无为的臣子来保全妻子儿女。”永徽六年（655年），在是否立武则天为皇后的斗争中，褚遂良与长孙无忌强烈反对废黜王皇后，甚至不惜以辞官作为筹码。当然，结果我们已经知晓，武则天成功登上后位，褚遂良则是一贬再贬，先是长沙，再是桂林，最后是越南，一代名臣最后客死他乡。这都是后话了。

回到案情本身，中书令褚遂良强买中书译语人史诃耽的房子，当依贷所监临财物有剩利论罪，计利准枉法论。《唐律疏议》卷第十一职制第142条“贷所监临财物（问答一）”规定：“诸贷所监临财物者，坐赃论（授讫未上亦同。余条取受及相犯，并准此）。若百日不还，以受所监临财物论。强者，各加二等（余条强者准此）……若卖买有剩利者，计利以乞取监临财物论。强市者，笞五十；有剩利者，计利准枉法论。”褚遂良最低笞五十，最高处以绞刑。本案中，遂良被贬为关内道同州刺史，属于从轻判处。

大理少卿张叡册附下罔上，以为价当官估，准估无罪，属断罪失于出，当减褚遂良罪五等治罪。《唐律疏议》卷第三十断狱第487条“诸官司入人罪者（问答一）”规定：“诸官司入人罪者（谓故增减情状，足以动事者，若闻知有恩赦而故论决，及示导令失实辞之类），若入全罪，以全罪论（虽入罪，但本应收赎及加杖者，止从收赎、加杖之法）……从轻入重，以所剩论。刑名易者，从笞入杖，从徒入流，亦以所剩论（从徒入流者，三流同比徒一年为剩。即从近流而入远流者，同比徒半年为剩。若入加役流者，各计加役年为剩）；从笞、杖入徒、流，从徒、流入死罪，亦以全罪论。其出罪者，各如之……即断罪失于入者，各减三等；失于出者，各减五等。若未决、放，及放而还获，若囚自死，各听减一等。”《唐律疏议》卷第十一

职制第138条“监主受财枉法”规定：“诸监临、主司受财而枉法者，一尺杖一百，一匹加一等，十五匹绞。疏议曰：监临、主司，谓统摄、案验及行案主典之类，受有事人财而为曲法处断者，一尺杖一百，一匹加一等，十五匹绞。”实际上，大理少卿张叡册被贬为岭南道循州刺史，重于对褚遂良的判处，属于从重判处。

本案的另一个当事人史诃耽，生于隋陇右监牧的核心地区平凉，精于马牧。武德七年（624年）他被高祖特敕任命为北门供奉进马。说到北门您可能会觉得陌生，但它的另一个名字玄武门，您可能会恍然大悟原来是这里。武德九年（626年），时为秦王的李世民发动玄武门之变，射杀太子李建成。事后，高祖立李世民为太子，随后退位为太上皇。像史诃耽这样的小人物自是不能位列凌烟阁二十四功臣，但他在政变后，从一个没有职事品只有供奉名义的低级勋官，被敕授五、六品的牧监正监，一

举进入“通贵”行列，显然是因立功而获得升迁，这也表明了史诃耽在玄武门事变中的立场。能拥有让褚遂良强行购买的房产，说明他的宅邸应该是精美奢华的房子，其本身应该也“家累万金”。而且作为粟特人，史诃耽虽然做官但仍然从事其民族擅长的商业活动，故而积累了大量财富。但是，仅凭这些，他和顾命大臣褚遂良相比地位差距可谓判若云泥，在居大不易的京师，凭着语言能力，安分守己地从事翻译工作，究竟得多大的能力才能扳倒褚遂良呢？要回答这个问题，得从当时的政治环境入手。

唐高宗李治本不在太宗立太子的考虑范围之内，因其兄李承乾与李泰相争之隙，得到长孙无忌、褚遂良等助力，才得到太子大位。所以，他初登大宝行使皇权时，很可能受制于长孙无忌。长孙无忌身为高宗母舅兼托孤重臣，在朝中素来具有实力、声望，高宗即位后，他更是与褚遂良等人掌握朝中大权。自古以

李邕墓 胡人打马球图

李邕是李渊第十五子虢王李凤嫡孙。马球图位于其墓葬前甬道西壁，该幅壁画生动记录了当时马上争球的一幕。整幅画线条流畅，生动热烈，人物五官描绘细致精彩，是继乾陵陪葬墓之一的章怀太子墓发现马球壁画后的又一重要发现。

来，但凡托孤的大臣，如周公、霍光，均是大权独揽，必为英主新君所不容。虽然影视剧中总是将高宗塑造成懦弱无能的形象，但实际上，高宗绝非庸懦之人。在他的统治下，对外，善于用兵，大唐的版图扩展到最大；对内，扶植新贵，打击陇右贵族旧势力，同时完善律法。因此，高宗对于长孙无忌，自是难以容忍。高宗关注褚遂良案，借题发挥，最终将褚遂良贬往外地，有其政治意图。褚遂良是长孙无忌坚定的政治盟友，有他在朝中，高宗必然多受掣肘，夺权于长孙无忌的意图难以实现。既然褚遂良触犯律法，高宗当然不会放过这个绝佳的机会，征铜20斤尚不能达到高宗的目的，将褚遂良贬往外地，使其不得位列朝中才是高宗所需。基于此，褚遂良并未征赎铜，而是被贬为外州刺史。然而，褚遂良毕竟是长孙无忌的亲密政治盟友兼得力帮手，长孙无忌岂能坐视其遭受高宗打压，于是在他的努力下，褚遂良只是被贬往长安附近的同州任刺史。而且不到两年就被调回长安，而且还擢升

为吏部尚书。不过，蛰伏6年之后，高宗最终在永徽六年借废立皇后之事，联合朝中反对长孙无忌的势力，果断出手，击败长孙无忌，执掌朝中大权。

但显庆（唐高宗年号，656年正月—661年二月）之后高宗疾病缠身，身体每况愈下，而武则天“素多智计，兼涉文史”，颇具政治才能，高宗于是将部分政务交由武则天处理，使武后具有了参与国政的机会。然而高宗没想到的是，武则天的政治能力和野心都超乎其想象，她借参与国政之机，培植政治势力，并逐步抑制、剥夺高宗的权力。《新唐书》就称：“武后得志，遂牵制帝，专威福。”高宗对此自然不能容忍，于是不断采取措施打压武后，意图遏制其政治势力扩张。然而，高宗毕竟需要武后辅佐其处理国政，而武后也确实是高宗处理政务的贤内助，因此高宗不能，也不敢像永徽六年对待王皇后一样对待武后。武后虽然屡遭高宗打压，但

褚遂良、史诃耽历史时间线

褚遂良	年份	史诃耽
	626年	任中书省翻译
	629年	加授宣德郎
	633年	加授朝请郎
	635年	加授通议郎
任起居郎（记录皇帝言行）	636年	
	639年	加授朝议郎
迁谏议大夫	641年	
李承乾太子之位被废 褚遂良劝太宗立李治为太子	643年	
拜黄门侍郎，参综朝政	644年	
	645年	母丁忧

续表

加银青光禄大夫	646年	
拜中书令	648年	结束丁忧，返回中书省
太宗临终托孤，委任褚遂良为顾命大臣	649年	
晋封郡公，不久，因抑买案迁为同州刺史	650年	
拜吏部尚书，同中书门下三品，监修国史，加光禄大夫，兼太子宾客	652年	
代右仆射，知政事	653年	
高宗欲废王皇后，立武则天为后，褚遂良死谏，极力反对。左迁为潭州都督	655年	
任桂州都督，不久，被贬为爱州刺史	657年	
病逝	658年	
	666年	任虢州刺史
	669年	病逝

其羽翼未丰，高宗又是其政治权力的来源，因而面对高宗的打压，也只能通过不张扬的途径进行反击，并趁机扩大自己的政治势力。可以说，显庆之后，唐高宗与武后之间，既相互利用，又相互斗争。总之，唐高宗在位的34年，前期受制于长孙无忌，后期因为身体原因受制于武后。

所以，褚遂良买房案看似一场交易显失公平的经济案件，但是其背后却蕴含着政治权力的角力。位极人臣的托孤大臣与初登大宝一心想要收回权柄的年轻帝王之间的争夺，在几千年的历史上屡见不鲜。前有“周公吐哺，天下归心”的姬旦、令汉昭帝“若有芒刺在背”的霍光、为路人皆知其心的司马昭铺平道路的司马懿，后有推行“一条鞭法”的张居正、为康熙智擒的鳌拜。毕竟，懂得登场艺术的人甚多，而懂得退场艺术的人甚少，像范蠡、张良这样懂得功成身退的，更是少之又少。

高昌交通肇事案

让人心碎的儿童交通事故

江南有杨柳、桃花，有燕子、金鱼……汉人中有的是英俊勇武的少年，倜傥潇洒的少年……但这个美丽的姑娘就像古高昌国人那样固执：“那都是很好很好的，可是我偏不喜欢。”可能很多人第一次听说高昌国是在金庸先生的《白马啸西风》这部武侠小说里。但今天我们不讲相思，不讲“求不得”，不讲李唐和麹氏的恩怨情仇，我们来讲讲吐鲁番出土文书康失芬行车伤人案残卷中记载的唐肃宗年间高昌县审理的交通肇事案。

本案的发生地高昌，在今新疆维吾尔自治区吐鲁番市。地处天山南麓，自西汉至隋朝，“丝绸之路”的南、中、北三条主要通道有两条经过这里。从敦煌出发，南道通过鄯善；中道通过高昌；北道通过伊吾（或高昌）。自西汉以来，这个地区就作为一个军事要地而被重视。西汉初元元年(公元前48年)汉朝政府在这里设置了戊己校尉，驻军屯田，此后，前凉张骏在这里设置高昌郡。其后几经变乱，499年汉人麹嘉被拥立为高昌王。高昌麹氏王朝是以汉族为中心的政权。麹嘉本人原籍凉州金城郡榆中县(今甘肃省兰州市榆中县)。麹氏高昌王朝在政治上、经济上、文化上始终与中原地区有着不可分割的渊源。中央政权要进入西域地区或西域地区游牧民族要进入中原地区都要经过这里。隋末战乱以后，途径鄯善的南道废弃，途径焉耆的碛路闭塞，只有中道北道可通行，高昌国东北迫伊吾，西南控焉耆，占据了扼守西域的咽喉要地。本来高昌与唐朝一直相安无事，但随着与唐朝保持着友好关系的西突厥统叶护可汗因内乱被杀，西突厥逐渐陷入分裂，加之伊吾归附唐朝成为西伊州，焉耆遣使请求恢复碛路，此时的高昌王麹文泰深感受到威胁，与西突厥乙毗咄陆可汗相勾结，开始对抗唐朝。贞观十三年（639年），高昌王麹文泰断绝西域与中原的商业往来，李世民见状征召麹文泰入朝，麹文泰却称病不去。于是李世民任命侯君集为交河道行军大总管，契苾何力为葱山道行军副大总管，率领大军前往讨伐。谁知侯君集率领大军行至碛口，麹文泰忧惧无策，发疾而亡，其子麹智盛试图抵抗，终于投降，乙毗咄陆可汗仓皇西逃，不敢来救，曾经为患于西域地区的麹文泰、乙毗咄陆可汗不堪一击，顷刻瓦解。贞观十四年（640年）八月，侯君集分兵平定高昌各地，高昌国灭亡。侯君集俘虏麹智盛及其百官，班师回朝，并在其地设立西州，九月即创设安西都护府。高昌自此安定下来。

时间来到宝应元年（762年），这一年安史之乱尚未结束，唐玄宗、唐肃宗先后病逝，而新疆阿斯塔那古墓中出土的吐鲁番文书《唐宝应元年（762年）六月康失芬行车伤人案卷》，记载了一起堪称“保辜”制度范例的司法案例。

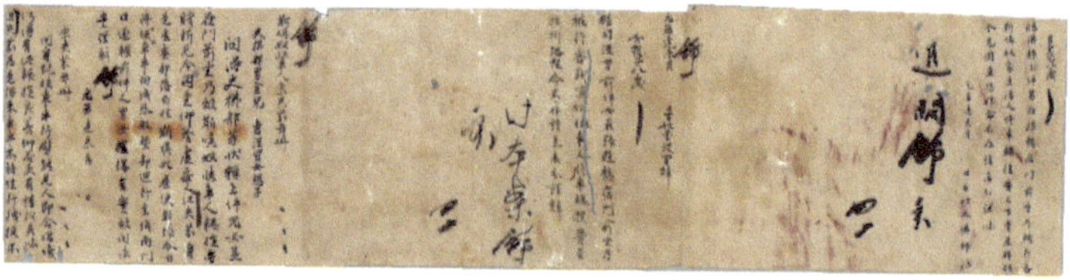

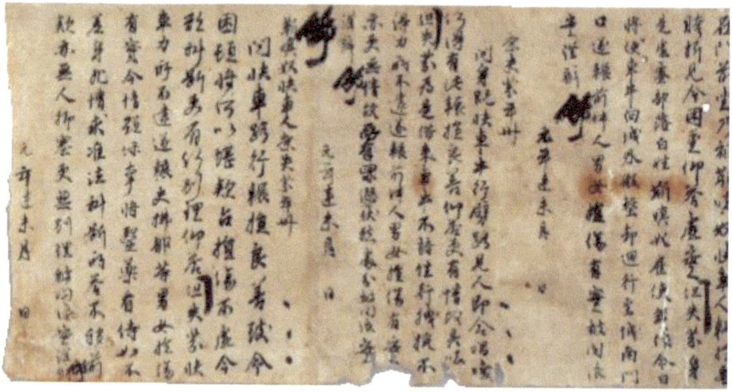

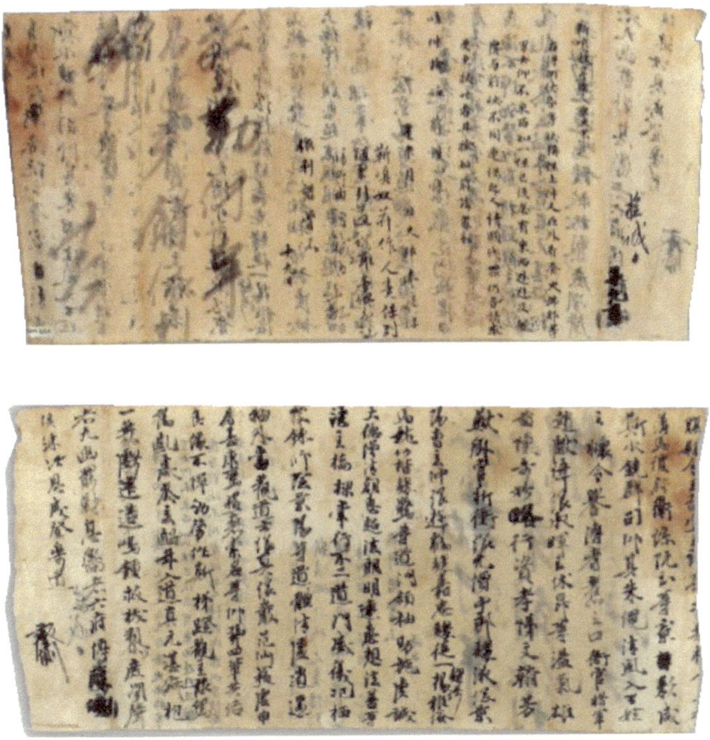

唐宝应元年六月康失芬行车伤人案卷

来源：《新疆出土涉医文献辑·汉语编》，段逸山，王兴伊著，上海科学技术出版社2016年版。

男金儿八岁

牒：拂郍上件男在张鹤店门前坐，乃被行客靳嗔奴家生活人将车辗损，腰已下骨并碎破。

今见困重，恐性命不存，请处分。谨牒。

元年建未月　日，百姓史拂郍牒。

追问铮示

四日

元年建未月　日，百姓曹没冒辞。

女想子八岁

县司：没冒前件女在张游鹤店门前坐，乃被行客靳嗔奴扶车人将车辗损，腰骨损折，恐性命不存，请乞处分。谨辞。

付本案铮

示

四日

铮

靳嗔奴扶车人康失芬年卅

史拂郍男金儿　曹没冒女想子

问得史拂郍等状称：上件儿女并在门前坐，乃被靳嗔奴扶车人辗损，腰胯折，见今困重，仰答虚实！但失芬身是处蜜部落百姓，靳嗔奴雇使年作，今日将使车牛向城外般墼，却回行至城南门口，遂辗前件人男女损伤有实。被问依实谨辩。

铮

元年建未月　日

康失芬年卅

问：身既扶车牛行，劈路见人，即合唱唤，何得有此辗损良善，仰答：更有情故具状。但失芬为是借来车牛，不谙性行，拽挽不得，力所不逮，遂辗前件人男女损伤有实，亦更无情故。所有罪愆，伏听处分。被问，依实谨辩。

铮

元年建未月　日

铮

靳嗔奴扶车人康失芬年卅

问：扶车路行，辗损良善，致令困顿，将何以堪？款占损伤不虚，今欲科断，更有何别理？仰答：但失芬扶车，力所不逮，遂辗史拂郍等男女损伤有实。今情愿保辜，将医药看待，如不差身死，情求

准法科断。所答不移前款，亦无人抑塞，更无别理。被问，依实谨辩。铮

元年建未月　日

（中缺）

检诚白

十九日

靳嗔奴并作人康失芬

右得何伏昏等状称：保上件人在外看养史拂郍等男女，仰不东西。如一保已后，忽有东西逃避及翻覆与前状不同，连保之人情愿代罪，仍各请求受重杖廿者。具检如前，请处分。

牒件检如前，谨牒。

建未月　日　史张奉庭牒。

靳嗔奴并作人责保到，随案引过，咨，取处分讫。各牒所由，咨，诚白。

十九日

依判，咨。曾示。

十九日

放出，勒保辜，仍随牙。余依判。

铮

铮示

廿二日

本案当事人康失芬在通往城内的道路上超速行驶，致使牛车不能及时刹住，轧伤了在张游鹤店门前玩耍的两名儿童：八岁男童金儿和八岁女童想子。金儿和想子在张游鹤的店门前坐着玩耍，没承想，康失芬驾着车突然就撞了过来，金儿被撞得腰以下部分骨头破碎，想子被撞得腰部骨折了，两个小朋友都伤势危重，恐怕有性命之忧。因为两个小朋友才八岁，属于无行为能力人，所以由他们的爸爸史拂郍和曹没冒来提起了诉讼。康失芬承认了自己的肇事行为，说自己确实撞伤了两个小朋友，但是自己也有苦衷。自己是处蜜部落的人，靳嗔奴雇了自己来驱使这个牛车。但是因为这个牛车是借来的，自己不熟悉牛的性情，所以拽不住它，加上自己力气不够，这才撞伤了人。但是伤者确实是自己撞的，一切都听从处分。法官说，事实清楚，证据确凿，你还有什么可说的吗？康失芬说，撞伤人确有其事，但是现在我申请保辜，给受害人吃药看病，如果他们不幸，还是没能保住性命，那再依法判处我不迟。康失芬还提供了担保，假如自己逃跑了，保证人承诺愿意代他接受处罚，还要重杖二十。法官于是同意了他的保辜请求，把他放出监

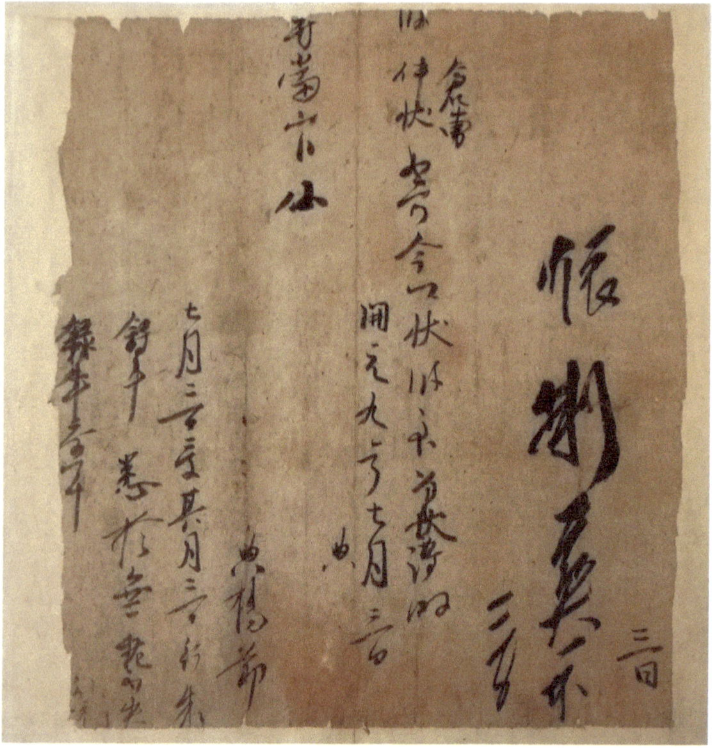

长行坊牒

唐代的西州和北庭，都是被沙漠和高山包围的边境军事据点，唐朝未能在此设立驿传网来连接这些城市，需要由“长行马”进行相互间的联系。长行坊就是“长行马”的管理机构。此残卷是长行坊的牒式文书。陕西历史博物馆藏。

禁处，责令其保辜，但不许离开县司驻地。

按照我们现代人的想法，超速行驶造成两名八岁儿童重伤，可定交通肇事罪三年以下有期徒刑或拘役，加上人身侵权损害赔偿，肇事人还应当赔偿医疗费、护理费、交通费、误工费、残疾生活辅助具费、丧葬费等赔偿金。而且由于机动车应当购买了交强险，所以保险公司会在机动车交强险保险责任限额范围内予以赔偿。

但是唐代没有吹气机，没法测酒精浓度；也没有专业的法医鉴定机构来验伤，做伤情等级的评估；更没有保险公司来赔付。法官断案有什么依据呢？

官府在案件事实认定清楚之后，询问了交通肇事者康失芬的意见，提出了本案的判决意见，责令被告实行保辜。本案中的康失芬是移居西州的九姓胡人，由此可见，唐代的边疆少数民族地区也适用唐律，保辜制度在边疆地区也是适用的。

保辜制度，即保留罪名的制度，主要适用于伤害罪伤情未定的案件，凡伤害罪伤情未定，可暂不处罚，而由官府为立辜限，责令犯罪人为受伤者医治，限满之日，再视伤情定罪。其辜内平复者可以减罪，辜内致残致死者则从重论处。《唐律疏议》卷第二十一斗讼第307条“保辜”规定：“诸保辜者，手足殴伤人限十日，以他物殴伤人者限二十日，以刃及汤火伤人者三十日，折跌支体及破骨者五十日。（殴、伤不相须。余条殴伤及杀伤，各准此。）……限内死者，各依杀人论；其在限外及虽在限内，以他故死者，各依本殴伤法。（他故，谓别增余患而死者。）”根据这条规定，针对殴打他人致伤的行为，法律根据殴打所使用的工具（赤手空拳、他物、刃、汤火）以及致害后果（折跌支体、破骨）的不同，规定了时间长短不一的“辜限”。

被殴之人在限期内死亡的，殴人者以杀人罪论处；被殴之人在限外死亡，或因其他原因在限内死亡的，殴人者仅以殴伤法论处。该条规定的目的在于确定殴伤行为与死亡后果之间有无直接因果关系。

从以上引文中“今情愿保辜，将医药看待”一句可以看出，是否适用保辜制度可以由加害人自愿选择，并非每个案件都必须适用保辜制度的规定。比如说，一个斗殴案件中，加害人将被害人打伤后，没有财力救治被害人，这个时候，如果再对其适用保辜制度，就有点强人所难，而且也不能发挥出保辜制度救济被害人利益的功能。法官则可依照唐律中的相关法律条文作出判决，而不必适用保辜程序。因此，保辜并不是处理伤害案件的必经程序，加害人可以选择提出保辜请求，也可以不提出保辜请求。

此外，唐律中并没有保辜制度适用于交通肇事案件的明文规定。但是，像本文前面提到的那样，保辜制度适用于无故于城内街巷走车马伤人这样的交通肇事案件。《唐律疏议》卷第二十六杂律第392条“城内街巷走车马”规定：“诸于城内街巷及人众中无故走车马者，笞五十；以故杀伤人者，减斗杀伤一等（杀伤畜产者，偿所减价。余条称减斗杀伤一等者，有杀伤畜产并准此）。疏议曰：有人于城内街衢……以走车马唐突杀伤人者，减斗杀伤一等。”在交通肇事案件中造成被害人损伤的，比照斗殴伤罪减一等处罚。“保辜”条对殴伤、杀伤案件适用保辜制度，所以本案中对康失芬可比照《斗讼律》设定五十日的保辜期限，并减一等处罚。加害人为了免于监禁劳役之苦，往往在条件允许的情况下，提出适用保辜。

本案中，肇事人康失芬先保辜五十日，免于监禁，并负责对受害人进行医治。如果受害人在辜内死亡则应以杀人论；若在辜外死亡则只能定伤人。杀人与伤人的区别在于：前者是对死亡负责，后者只对伤害负责。在医学不甚发达、难以从医学上确定死亡结果与伤害行为之间是否存在因果关系的情况下，法律选用了保辜这种形式，通过外在的时间尺度来确定这种归因存在与否。保辜制度一是可以减轻受害人的生活和经济负担，二是给加害人以弥补其过失的机会，达到受害人和加害人和睦相处、稳定社会秩序的目的，具有一定的合理性。

当然，保辜制度可能产生的实际效果与康失芬案卷所见的“将医药看待”都有补偿受害人的积极意义，其与现代法上的人身损害赔偿乃至刑事和解多有相似，但却并未止步于此。

所以，不是肇事者逃逸了，也不是法官徇私把他放了，而是让他回去好吃好喝好招待、好医好药好治疗地对待受害人，求神拜佛希望两个小朋友不要伤重不治，这样他就可以按照《唐律疏议·斗讼律》中的“斗杀伤人罪”减一等处罚。

章怀太子案、懿德太子案、永泰公主案

乾陵陪葬『天团』

你可能不知道章怀太子、懿德太子、永泰公主是谁，但应该对一代女皇武则天不陌生，她死后与高宗李治合葬于乾陵，而章怀太子墓、懿德太子墓、永泰公主墓就是乾陵的三座陪葬墓。

章怀太子李贤（654—684），字明允，唐太宗之孙，高宗李治和武则天的次子，也是高宗的第六子，永徽五年（654年）出生，文明元年（684年）卒于四川巴州，时年30岁。神龙二年（706年）中宗将其以雍王的身份迁回长安，陪葬于乾陵。景云二年（711年）四月睿宗李旦追赠其为“章怀太子”。李贤人如其名，颇有贤德，自幼聪敏俊秀。高宗共有八子，依次是：李忠、李孝、李上金、李素

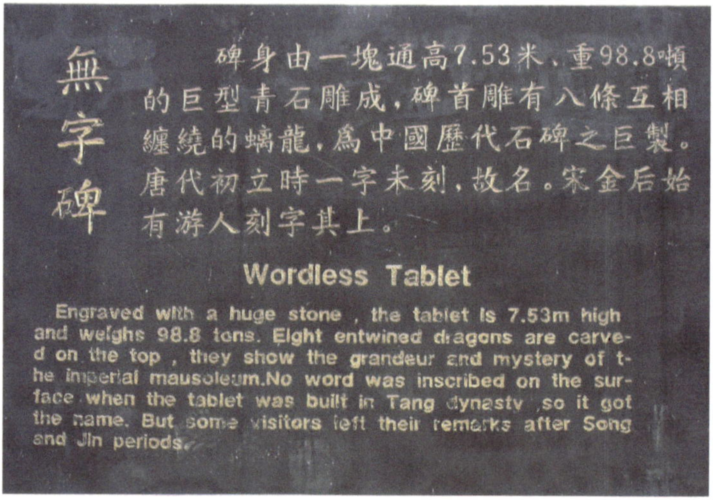

乾陵无字碑

碑身由一块通高7.53米、重98.8吨的巨型青石雕成，碑首雕有八条互相缠绕的螭龙，为中国历代石碑之巨制。唐代初立时一字未刻，故名。宋金后始有游人刻字其上。

节、李弘、李贤、李显和李旦。后四子都是武后所生。非武后嫡出的皇子命运坎坷，也不可能立他们为太子。高宗和武后长子李弘于显庆元年（656年）被册立为太子，上元二年（675年）四月，24岁的李弘在随父皇、母后游幸东都时，突然病逝。继而李贤被立为太子，并数次监国。其间，他还积极著书立说，召集了一批学者对范晔的《后汉书》作注。现在我们看到的《后汉书》版本一般是章怀太子作注的版本，可以说章怀太子给后世留下了宝贵的文化财富。

而这样一位颇有贤名的太子，是因何殒命的呢？仪凤四年（679年），曾经密奏太子李贤不堪大位的明崇俨被盗贼所杀，案件查了一年多，没有结果，武则天怀疑是李贤派人所为，于是派人发其阴谋事，诏令中书侍郎薛元超、黄门侍郎裴炎、御史大夫高智周与法官审问他。当然，明崇俨只是引子，本质原因是太子声势日隆，越来越不受武则天控制，两人矛盾日渐激化。结果在东宫马坊搜得盔甲数百领，于是以谋逆罪废太子李贤为庶人，幽禁在其他地方。

唐朝对武器装备有严格的禁令管制。盔甲属于禁兵器。平时没有战事连国家军队府兵都不能拥有盔甲，盔甲等一般储存在库府中，由专门的机构管理，实行严格的管理制度。只有在出征时，国家才会统一发放配给。平常百姓如果私自拥有盔甲一领，便触犯了国家律法，要受到严惩。《唐律疏议》卷第十六擅兴第243条“私有禁兵器（问答一）”规定：“诸私有禁兵器者，徒一年半（谓非弓箭、刀、楯、短矛者）。疏议曰：私有禁兵器，谓甲、弩、矛、矟、具装等，依令私家不合有……甲一领及弩三张，流二千里……甲三领及弩五张，绞……私造者，各加一等。”根据唐律的规定，私有盔甲三领，就是死罪，要被处以绞刑，而李贤府上私藏了数百领盔甲。于是，永隆元年（680年）李贤太子之位被废，被贬为庶人，从东都洛阳被押送回长安，被幽禁起来，后又被流放四川巴州。四年后，李贤被逼自杀。

唐代官方史书只记载了这一结果，未究其原委。房先忠墓志将此事婉转地说成“掘蛊作孽，长琴失位”，将其与汉武帝末年的戾太子刘据被废事件和祝融之子长琴失位的传说相比，表达了其中的冤屈。

懿德太子与永泰公主是一母同胞的亲兄妹，两人都是在李显第二次复位当太子的时候，因为卷入一场政治斗争而被处死。

懿德太子李重润（682—701），唐中宗李显与韦后的长子，本名李重照，因为避讳武则天（武曌），改名为李重润。他的政治生涯也随着李显一起沉浮。李重润出生时，高宗大喜，大赦天下，当时李显为皇太子，李重润被立为皇太孙，开府置官署。弘道元年（683年），李显即位，是为唐中宗，结果一年就被废为庐陵王，迁往房州，李重润被贬为庶人。直到圣历元年（698年）李显被复立为皇太子，李重润才被封为邵王。

永泰公主李仙蕙（685—701），唐中宗李显与韦后之女，唐中宗第七女。久视元年（700年）九月六日被封为永泰郡主，食邑一千户，并嫁给武承嗣长子魏王武延基。

但好景不长，大足元年（701年），李重润与李仙蕙、武延基因私下非议武则天的宠臣张易之、张昌宗兄弟，而被武则天责令杖杀。

适时，武则天已打算百年之后将皇位还与李氏，力排武氏众议，复立李显为皇太子。但即便如此，李显一子一女被诛杀，他却无力回护，说明在大足元年武则天的权力还是不容挑战的，李显的储君之位也是坐得胆战心惊。四年之后，武则天于上阳宫驾崩，皇权这才落入李显手中。于是，各项清算、平反和追赠工作都迅速提上日程。武则天当政的20余年间，对李唐宗室人员进行了大范围的贬黜、杀戮，天下告密成风，恐惧不安的气氛对存余的李唐宗室而言刻骨铭心。中宗即位后，对武则天时期的冤假错案按照礼仪制度重新审核、妥善安置成为安抚天下的首要之事。《资治通鉴》记载：“武后所诛唐诸王、妃、主、驸马等，皆无人葬埋，子孙或流窜岭表，或拘囚历年，或逃匿民间，为人佣保。至是，制州县求访其柩，以礼改葬，追复官爵，召其子孙，使之承袭，无子孙者为择后置之。既而宗室子孙相继而至，皆召见，涕泣舞蹈，各以亲疏袭爵拜官有差。”神龙二年（706年），中宗追赠李重润为皇太子，谥曰懿德，陪葬乾陵。聘国子监丞裴粹亡女为冥婚，与之合葬。又追赠永泰郡主为永泰公主，以礼改葬，号墓为陵。而对于自己的哥哥李贤，中宗也下令将其从巴州迁回长安，并以雍王的身份陪葬乾陵。睿宗继位后，于景云二年（711年），追谥李贤为“章怀太子”，并再次开启墓室，将章怀太子妃清河房氏与其合葬。

章怀太子与懿德太子、永泰公主其实是叔侄关系，本是天之骄子的三人都是在武则天掌权时期被权力的旋涡所吞噬。尽管三人去世时间相差近20年，但均于神龙二年改葬迁入乾陵。从懿德太子灵柩启程的时间可以看出，他陪葬乾陵是最早决定下来的。懿德太子与永泰公主两人是赶在武则天入葬的日期，而李贤只是以雍王身份陪葬乾陵，似乎与武则天入葬没有直接关系。由于三个人的墓室同年迁移，人们很容易将三座墓的壁画视为同一个时期的艺术品。其实懿德太子墓、永泰公主墓和章怀太

大唐故永泰公主墓志铭（局部）

永泰公主墓地下长87.5米，墓葬形制巨大，出土各类随葬品达1300余件。墓中壁画颇具规模，从墓道至墓室分别绘制青龙、白虎、城阙、仪仗、列戟、云鹤、宫女及装饰图案等。

子墓在规模和艺术风格上的差别是比较大的。

这三座特殊陪葬墓有其深厚的历史背景。三人均为武氏和李氏家族政治权力斗争的牺牲品。中宗继位后为其亲生子女昭雪，同时起到了打击武氏势力的作用，因此将二墓大加修整，“号墓为陵”，但基于当时复杂的政治形势，中宗并未采用天子礼仪改葬，而是在一些地方用了帝制。同样是被立储的长子先逝，高宗将其子李弘墓追赠为恭陵。虽然懿德太子墓和永泰公主墓都是“号墓为陵”，但其实并未达到帝陵的真正标准，只是在形式上模仿相近而已。反观章怀太子墓，其规格更是低于前二者。然而，三人中只有李贤在生前是真正做过太子的，其迁入乾陵时中宗并未追赠其为太子，只是以雍王的身份随葬，而雍王还是武则天在世时追赠的。不难看出，李贤与李显兄弟之间感情应该较为淡漠，中宗在对待儿子、女儿和兄长时亲疏有别，这也可以看作中宗维护自身支系权力正统性的一种表示。毕竟，如果李贤不是因罪被废，继而身死，皇位也轮不到李显，而且李贤也有子女，所以中宗只是在有限的范围内对李贤进行匡扶，从章怀太子墓葬规格略低的结果便可印证。而这三座墓出土的各种随葬品和壁画等也为研究当时上层社会的生活状况和生产水平提供了重要史料。

同处乾陵陪葬墓的章怀太子墓壁画与懿德太子墓壁画、永泰公主墓壁画在风格上有较大的差异，章怀太子墓壁画要比永泰公主墓和懿德太子墓壁画水平高。章怀太子墓墓道东西两壁各有四组壁画。东壁为出行图、客使图、仪仗图和青龙图。西壁与之对称的是马球图、客使图、仪仗图和白虎图。甬道壁画均为男女侍从图。前室均为侍女图。懿德太子墓墓道入口处绘制着盔甲、穿战袍的仪仗队行列，在仪仗队后面的墓道东、西壁分别画青龙、白虎和以山为背景的城墙、阙楼。永泰公主墓墓道东壁为一组武士图，后为青龙，再后为阙楼。西壁有白虎和武士图，但脱落严重。唐墓壁画以描绘当时的礼仪规范、生活习俗、服饰特色、娱乐方式与建筑形态为主要内容，是研究唐代社会生活尤其是贵族生活和精神追求的重要形象资料。其中，章怀太子墓的《客使图》《马球图》《狩猎出行图》《观鸟捕蝉图》《捧盆景侍女图》，懿德太子墓的《阙楼图》《仪仗图》，永泰公主墓的《九宫女图》都是国宝级的唐墓壁画，而且从入选的数量也能看出章怀太子墓与懿德太子墓、永泰公主墓壁画水平的差距。

也许你会有疑问，为什么章怀太子墓形制规格比懿德太子墓和永泰公主墓低，壁画水平却比二者要高呢？“神龙政变”之后，皇位虽然回归李氏手中，但韦皇后和安乐公主伺机而动，并勾结武三思，想行武则天旧事，成为女皇和皇太女，中宗软弱无能，大权落入韦皇

客使图（局部）

位于章怀太子墓墓道东壁，高185厘米，宽242厘米。画中共有六位人物。描绘的是唐朝鸿胪寺官员接待各国使节的场景。画面左侧三位谦谦君子为唐朝鸿胪寺官员，右侧三位分别是来自东罗马、新罗、我国东北靺鞨族的使节。现藏陕西历史博物馆。

后一党手中。景龙四年（710年）六月，唐中宗李显逝世，幼子温王李重茂被立为帝，由韦皇后临朝称制。相王李旦三子临淄王李隆基联合其姑母太平公主，交结禁军诸将葛福顺、陈玄礼等，诛韦皇后、安乐公主等一党，废少帝，奉其父相王李旦复位，是为唐睿宗。至此，武则天四子之间的权力交替正式完成，李弘、李贤、李显、李旦，并在李旦一脉延续下去，直至唐朝灭亡。正因为政权并非平静交割，为了维护自己统治的正统性，景云二年（711年），睿宗追赠李贤为“章怀太子”，并将太子妃迁来与其合葬，且绝非简单地开启墓葬进行棺椁的合并，而是对墓园和陵寝进行重新修整。墓道墓穴不能扩大，封土自然难再升高。但对墓室装饰的升级却是可行的，增多其镇墓俑也是必然的。我们在乾陵看到的体格50厘米以上的胡人俑都出自章怀太子墓，这绝不是偶然的。虽然没有懿德太子墓里的金妆彩绘俑，但其高大的身躯和众多的数量特别是绘制精美的壁画足以弥补其不足。

事死如生，这是中国古代丧葬制度中的根本指导思想，尤其是上层社会的丧葬活动，往往是复制人们在世时所享有的威严、尊贵、财富、享乐等实际情况，既以此彰显墓主的地位、德行与社会影响，表现家属的孝道与思念之情，也要在墓葬建设中实现精神寄托，即为死者营造一种死后与生前相似的生活环境。正因如此，人们得以从墓室壁画中看到唐朝外交人员接待外国使节和国内地方政权首领的场面，得以看到东宫太子狩猎、打马球等日常娱乐生活，得以看到威武的侍卫、诙谐的侏儒、情感丰富的宫女、表情生动的宦官等形象。这些通过壁画展现出来，正是章怀太子墓壁画留给后人的艺术享受。

在服饰上，唐墓壁画的人物及衣冠形式多样，造型美观，颜色斑斓多姿，在继承前代传统的基础上，吸收了多个民族和国家的服饰特色。壁画中的女性服饰特征归纳起来大致有三种形式：一是胡服；二是窄袖衫襦，着长裙；三是着丈夫衣服靴衫。

三彩拱手女立俑

头梳乌髻，上身着淡黄色薄衫，上点绿彩，胸系赭色长裙，右肩披绿色披帛。现藏中国国家博物馆。

在外交上，章怀太子墓的《客使图》描绘了各国使臣来朝，鸿胪寺卿接待时的场景。接见四夷君长使臣是重大的国家外交事务，应是帝王的职责，未继位、未监国的太子一般不应参与。因为李贤曾是监国太子，在监国期间，有可能主持过这类活动。监国在唐代政治中，具有重大的意义。

永泰公主墓《宫女图》（局部）

永泰公主墓宫女图壁画极具特色，布局上采取组合式构图，每图均为七人以上的群像。图中人物造型自然生动，比例协调，宫女面部多长圆形，身材修长，头身比例适当，人物姿态一反前期笔直站立的特点，多取S形自然优美之态。

上文主要述及的懿德太子李重润、永泰公主李仙蕙、章怀太子李贤三人的墓是目前已知唐代最大的三座墓，均为“以礼改葬”的李唐宗室，并且三人之死都缘于武则天。中宗复唐，结束了武氏建立的大周政权之后，立刻诏令迁葬，于神龙二年陪葬于乾陵。三墓都采用斜坡墓道带天井砖砌弧方形双室墓结构，斜坡墓道开天井是对深宅大院的模仿，而砖砌弧方形双室墓是目前所见等级最高的唐墓形制。双室砖墓在西安地区发现的两千余座唐代墓葬中所占数量极少，这类墓葬一般规模宏大，设施复杂，随葬品精美。

不论生前尽享荣华，还是死后极尽哀荣，对于这些逝去的年轻生命而言都已于事无补。俱往矣。

李贤被唐高宗立为太子	675年	
李贤被废为庶人流放巴州	680年	
唐高宗立李重润为皇太孙	682年	
	683年	唐高宗去世，中宗继位
李贤被逼自尽	684年	唐中宗被废为庐陵王，李旦登基，是为唐睿宗
	690年	武则天称帝，改唐为周
武则天复立李显为太子	698年	
李重润、李仙蕙、武延基被赐死	701年	张易之诬告李重润、李仙蕙、武延基
	705年	唐中宗复位称帝
李贤以雍王身份陪葬乾陵 李仙蕙被追赠永泰公主陪葬乾陵 李重润被追赠皇太子，谥号“懿德”，陪葬乾陵	706年	武则天与唐高宗合葬乾陵
	710年	唐隆政变 唐睿宗李旦第二次即位称帝
唐睿宗追赠李贤皇太子身份，谥号“章怀”	711年	

来俊臣诬陷谋反案

狄仁杰与《谢死表》

徐克的系列电影《狄仁杰之通天帝国》《狄仁杰之神都龙王》《狄仁杰之四大天王》，为观众构建了一个“狄仁杰宇宙”，狄仁杰这个历史人物的形象也越来越多地展现在我们面前。很多人将狄仁杰称为“中国福尔摩斯”或者“中国007”。但不同于福尔摩斯和007是文学作品中的虚构人物，狄仁杰确有其人，而且确有其事。

狄仁杰（630—700），字怀英，并州太原（今山西太原）人。贞观四年（630年）出生于官宦世家，祖父狄孝绪，贞观年间为尚书左丞，父亲狄知逊，曾任夔州长史。狄仁杰儿时酷爱读书，有“无暇语俗吏”的典故，显庆元年（656年），时年26岁的狄仁杰通过明经科考试及第，出任汴州判佐，踏上了仕途。但是狄仁杰的仕途并不平坦，他出任汴州判佐不久，就被人诬告入狱，幸得黜陟使阎立本为其洗冤。阎立本欣赏狄仁杰的才能，称赞其为“海曲之明珠，东南之遗宝”，并推荐他做并州法曹参军。唐高宗仪凤元年（676年）为大理寺丞。大理寺丞是大理寺专门负责审理案件的法官。狄仁杰审理长期以来的积案，一年就处理涉案人员约17000人，没有一个鸣冤再诉。而最著名的是当年九月的左威卫大将军权善才、左监门卫中郎将范怀义误斫昭陵柏树案。狄仁杰认为他们犯的是“盗园陵内草木”罪。《唐律疏议》卷第十九贼盗第278条“盗园陵内草木”规定：“诸盗园陵内草木者，徒二年半。若盗他人墓茔内树者，杖一百。”但是权善才和范怀义均是五品以上，可以官当（以官职抵当徒刑），两人应当免职。高宗怒不可遏，认为必须杀了二人。狄仁杰劝谏高宗：“臣听说忤逆龙鳞，触怒人主，自古就被认为是件难事。可是臣以为不然，对于桀纣来说这固然是件难事，但对于尧舜来说却不是。臣有幸遇到尧舜一样的明君，就不怕重蹈比干的覆辙。陛下既然公布了法律，徒流死罪，都有等差，那没有犯极刑之罪，怎能随意处死呢？如果法律变化无常，那么千千万万的百姓要如何适应？如果陛下一定要改这条法律，那么就请从今天开始。现在陛下因为一株柏树就要杀一个将军，后世会怎样评价您呢？这才是我最担心的事情，担心这样做会陷陛下于不道。”最终，狄仁杰成功救了权善才和范怀义。从26岁入仕为官的35年间，狄仁杰直言敢谏，虽说不是平步青云，却也是有惊无险，但天授二年（691年），一场灾祸从天而降。

天授二年九月丁酉，转地官侍郎、判尚书、同凤阁鸾台平章事。则天谓曰：“卿在汝南时，甚有善政，欲知谮卿者乎？”仁杰谢曰：“陛下以臣为过，臣当改之；陛下明臣无过，臣之幸也。臣不知谮者，并为善友，臣请不知。”则天深加叹异。

未几，为来俊臣诬构下狱。时一问即承者例得减死，来俊臣逼胁仁杰，令一问承反。仁杰叹曰：“大周革命，万物唯新，唐朝旧臣，甘从诛戮。反是实！”俊臣乃少宽之。判官王德寿谓仁杰曰：“尚书必得减死。德寿意欲求少阶级，凭尚书牵杨执柔，可乎？”仁杰曰：“若何牵之？”德寿曰：“尚书为春官时，执柔任其司员外，引之可也。”仁杰曰：“皇天后土，遣仁杰行此事！”以头触柱，流血被面，德寿惧而谢焉。既承反，所司但待日行刑，不复严备。仁杰求守者得笔砚，拆被头帛书冤，置绵衣中，谓德寿曰：“时方热，请付家人去其绵。”德寿不之察。仁杰子光远得书，持以告变。则天召见，览之而问俊臣，俊臣曰：“仁杰不免冠带，寝处甚安，何由伏罪？”则天使人视之，俊臣遽命仁杰巾带而见使者。乃令德寿代仁作谢死表，附使者进之。则天召见仁杰，谓曰："承反何也？"对曰："向若不承反，已死于鞭笞矣。""何为作谢死表？"曰："臣无此表。"示之，乃知代署也。故得免死，贬彭泽令。武承嗣屡奏请诛之，则天曰："朕好生恶杀，志在恤刑。涣汗已行，不可更返。"

《旧唐书》关于来俊臣构陷狄仁杰谋反的这段描写不可谓不精彩！这段情节的惊险刺激程度不亚于谍战片。天授二年九月，狄仁杰升任地官侍郎（户部侍郎）、判尚书、同凤阁（中书省）鸾台（门下省）平章事。武则天对他说："你在汝南的时候，表现得很不错，但是你想知道有谁在背后诋毁你吗？"狄仁杰连忙表示拒绝："陛下认为臣有过失的地方，臣应当改正，陛下如果认为臣没有过失，那是臣的幸运。臣不知道是谁在诋毁我，还能和他做朋友，所以臣不想知道。"武则天大为赞叹。

谁知没多久，来俊臣诬告构陷狄仁杰谋反，狄仁杰被捕入狱。当时的规定是，如果第一次审讯就承认，可以免于一死。来俊臣之所以被称为酷吏，除了喜欢诬告，更在于他喜欢动用酷刑。在他的酷刑之下，基本没有人能逃出生天。他一上来就准备给狄仁杰动刑让他招供，谁知道他一问："你……"狄仁杰马上说："是的，我谋反了！"但是狄仁杰话锋一转："当今皇帝以周代唐，普天之下，万物唯心，我是李唐旧臣，自然要忠于旧主。谋反是事实。"来俊臣看他这副态度，倒是没有为难他。阎王好见，小鬼难缠，来俊臣走了之后，判官王德寿又来刁难他："尚书已经招供，死罪肯定能免，但是我想升个官，您这点事还不够，尚书能攀咬杨执柔吗？"狄仁杰问他："为什么平白无故牵扯上他？"王德寿替他想好了口供："尚书当春官的时候，杨执柔是你的司员外郎，就从这时候说他也参与谋反就行。"狄仁杰愤怒地说："皇天后土，你居然让我干这种事？！”继而以头撞柱，血流满面。王德寿见状害怕地跑了。

因为狄仁杰承认了谋反，大局已定，来俊臣就放松了对他的戒备。狄仁杰求狱警给他笔砚，他把被头的帛布撕下来，在上面写了申冤的信，藏在自己的厚棉衣里。然后对王德寿说：“现在太热了，麻烦你把这个给我的家人，让他们给我改薄点。”王德寿也没细看，就给了狄仁杰的儿子狄光远。狄光远也很聪明，知道事有蹊跷，父亲断不会无缘无故在此时送来棉衣，收到信后立即上告武则天。武则天看了信后即刻召见来俊臣，问他狄仁杰的情况。来俊臣心知有变，但作为一个叱咤风云的人物，他倒也临危不乱：“狄仁杰入狱之后，我以礼相待，未动用大刑，连他的冠带都未去除，每天能吃能睡的。如果他不是真的有罪，怎么会自己认罪呢？”

以武则天的性格，自然不会只听一面之词，定会派人去狱中查看。来俊臣算准了这一切，回去之后马上让王德寿给狄仁杰穿戴整齐去见武则天的使者。这还没完，来俊臣心想要坐实狄仁杰谋反，只有口供还不够，最好能把这办成狄仁杰畏罪自杀的铁案，于是他让王德寿模仿狄仁杰的笔迹写了一封《谢死表》，并把这封《谢死表》交给前来的使者。不承想弄巧成拙，武则天与狄仁杰君臣数十年，岂能不知他的为人，又岂能不知道来俊臣的手段，当即召狄仁杰面圣。武则天问狄仁杰："你为什么要承认谋反？"狄仁杰无奈道："如果我不承认谋反，早就死在来俊臣的鞭笞之下了。"武则天继而问道："那你为什么要写《谢死表》呢？"狄仁杰一脸蒙："我没写过这篇表啊！"武则天和狄仁杰看了这篇表之后，一比对字迹，就发现是伪造的，于是，狄仁杰死罪得免，被贬为彭泽县令。武承嗣多次奏请杀死狄仁杰，都被武则天驳回了。

从结果来看，明明是冤案的受害人却被贬为县令，明明是诬告构陷的施害人却未被追究任何责任，也可以说是非常微妙了。

本案的另一个主角，来俊臣，京兆万年人（今陕西省西安市北）。他本是无赖出身，平日里不事生产，因为犯奸盗被捕，没有其他办法，他就无中生有，宣称自己要告密，虽然获得上报，但被东平王李续决杖一百。没有想到，后来李续被杀害，来俊臣趁机再告密，说此前正是要告发此案件，但被李续阻拦，还很冤枉地被处以杖刑。因为来俊臣上书呈其狱中上变事迹而获得武则天赏识，被擢升为侍御史，在丽景门设置专门机构，负责审理武则天诏令要求查办的案件。来俊臣看准了武则天欲利用他“胁制群臣”的目的，引荐起用侯思止、王弘义等人，利用流言蜚语诬蔑公卿朝臣，然后用严酷的刑讯手段逼迫他们承认无中生有的罪名，最后达到夷诛大臣的目的。他还组织数百名无赖专事告密，设立推事院，联合党羽朱南山等撰写《告密罗织经》，讲述如何罗织罪名，陷害杀人。不仅如此，他还制造了各种残酷刑具，大兴刑狱，采取刑讯逼供的手段，任意捏造罪状置人于死地，大臣和李唐宗室遭到枉杀，灭族者达数千家。后期，膨胀的来俊臣还企图陷害武氏诸王、太平公主、张易之、张昌宗等武则天亲信的人物，诬告李旦和李显谋反，希望借此获取国政大权，遭到卫遂忠告发。

万岁通天二年（697年），武氏诸王与太平公主等趁机揭露来俊臣种种罪行。来俊臣被判为谋叛罪，武则天下令在人众集聚的闹市，对来俊臣执行死刑，登记并没收其家产，将其酷吏党徒全部流放岭南，延续14年之久的恐怖“酷吏政治”宣告结束。

可能在以往的影视作品中，武则天实行残暴

的“酷吏政治”的形象让人印象深刻，但是纵观她从参与朝政到“神龙政变”退位，她也只是在临朝称制之初和称帝之初这两个时间段重用过酷吏。光宅元年（684年），武则天临朝称制，不久，徐敬业打着匡复李氏王朝的旗号，在扬州起兵，自称上将。仅半个月时间，徐敬业就募集了10万兵马，这次起兵虽然很快被平定，但隐藏的反对派仍有很大的势力。由于这些人尚未起兵造反，不能用大军征讨，只能用残暴酷烈的官吏加以惩治。武则天便改变了以往对酷吏的态度，开始扶持酷吏，大开告密之门。这些做法，沉重地打击了武则天的反对派，帮她清除了很多政敌，为武则天改朝换代、巩固政权扫除了障碍。但是作为工具人，当政权进入正轨之后，酷吏们就被弃如敝屣了。政局稳定之后，武则天立即改变了对酷吏的态度，由重用变为抑制。随着武则天态度的转变，酷吏很快走上了消亡的道路。天授二年，武周政权刚刚稳定，武则天就贬杀了酷吏丘神勣、周兴、索元礼和傅游艺。丘神勣和周兴以“谋反”的罪名被杀。索元礼以“座赃贿”入狱。长寿（692年）以后，主要的反对派大体上已被消灭，“众心已定”，武则天再次决定“尊时宪而抑幸臣，听忠言而诛酷吏”。酷吏侯思止、王弘义、郭霸、万国俊等相继被诛。证圣元年（695年）十月，武则天下令减大理丞，废秋官狱。次年，武则天将用法宽平的徐有功提拔为左台殿中侍御史。就这样，酷吏被武则天无情地抛弃了。

李白流放夜郎案

诗仙的政治生涯

“朝辞白帝彩云间，千里江陵一日还。两岸猿声啼不住，轻舟已过万重山。”李白的这首《早发白帝城》透露的喜悦之情即使相隔一千多年，我们依然能在字里行间感受到。那原因是什么呢？可能我们在背诵的时候没有特地了解这首诗的创作背景：当时李白因罪被判流放夜郎，忽然接到了赦免通知，免去流放服役之苦，重获自由，自然欣喜万分。

那么李白被流放的夜郎在哪儿呢？大家对这个地名可能不熟悉，但想必听过一个成语——夜郎自大。这是说西汉武帝的时候，西南云贵地区有个叫夜郎的小国，汉武帝派使臣前往，夜郎国王见了使

明 · 崔子忠《李白藏云图》轴

相传李白居地肺山时，曾以瓶瓿贮存山中的浓云带回居所，散之卧内，得以“日饮清泉卧白云”。图中所绘即李白携仆收集云雾的情景。

臣之后，便问他："大汉？有多大？有我们夜郎大吗？"场面一度非常尴尬。那么，能让高力士脱靴、杨贵妃磨墨的诗仙李白为何会被流放夜郎呢？这就要从"安史之乱"说起了。

安禄山出身西域，从天宝元年（742年）至天宝十三载（754年）可以说是坐着火箭，节节高升，位极人臣。而且他不是仅有虚位，而是大权在握。今天的河北、内蒙古、东北乃至黑龙江以北、乌苏里江以东的大片地区都是他的势力范围，而且他一直在招兵买马，蓄势待发。甚至连杨国忠都劝谏玄宗安禄山要造反，玄宗却不听谏言，一味宠信。天宝十一载（752年），李白去幽州，当时便感觉安禄山的叛变只是时间问题，写下了《经乱离后天恩流夜郎忆旧游书怀赠江夏韦太守良宰》一诗，有句如下：

十月到幽州，戈铤若罗星。

君王弃北海，扫地借长鲸。
呼吸走百川，燕然可摧倾。
心知不得语，却欲栖蓬瀛。
弯弧惧天狼，挟矢不敢张。
揽涕黄金台，呼天哭昭王。
无人贵骏骨，騄耳空腾骧。
乐毅倘再生，于今亦奔亡。

天宝十四载（755年）十一月，镇守东北边的平卢、范阳、河东节度使安禄山于范阳起兵造反，33天便攻下洛阳，“安史之乱”爆发。哥舒翰率军20万镇守潼关，因地势险要，易守难攻，数次击退安庆绪的进攻，与安禄山军相持半年，安禄山见强攻不成，便派崔乾祐以劣势兵力诱敌深入，李光弼、郭子仪、哥舒翰均认为不能轻易出灵宝，宜坚守，引朔方军北取范阳，直捣安禄山老巢。但哥舒翰与杨国忠不睦，玄宗听信杨国忠之言，下令哥舒翰出关迎战。结果，天宝十五载（756年）六月，唐军在灵宝山道被伏击，大败溃散，20万人只剩约8000人，仓皇逃回潼关。哥舒翰兵败被俘，投降安禄山。潼关失守，中门大开，叛军直逼长安而来，唐玄宗带着杨国忠、杨贵妃等仓皇逃往四川，途经马嵬驿时，发生兵变，将杨国忠、杨贵妃等杨氏一族悉数处死。

经此一役，玄宗西逃入四川，太子李亨北上灵武称帝，是为肃宗，玄宗为太上皇。七月十五日，玄宗逃到汉中时，听从了房琯的建议，下出分置的制诏，命“永王李璘为山南东路、岭南、黔中、江南西路节度都使，以少府监窦绍为之傅，长沙太守李岘为都副大使”。除了永王李璘，还任命了太子李亨、盛王李琦、丰王李珙，但只有李亨和李璘分赴所任。其实，玄宗用意在于让太子收复黄河流域，李璘负责经略未被安禄山攻陷的长江流域地区。最差的预想是隔江而治。但是受古代的通信速度限制，七月十二日，太子李亨已经在灵武称帝，改元“至德”，遥尊玄宗为太上皇了。七月十五日，玄宗才发出的制诏可谓一纸空文。八月十二日，肃宗灵武称帝的通报才到达玄宗处，无兵无权的玄宗只能无奈接受。但是，李璘接到命令后，就离开玄宗，七月至襄阳，九月至江夏，在江陵招募将士数万人，带领舟师，顺江东下，谋取金陵。诚然，李璘是按照玄宗的旨意在办事，但是江山易主，时移世易，肃宗怕他占据江南富庶一带，拥兵自重，争夺帝位，就命令他脱离兵将，到四川见唐玄宗。他不从命，还没有来得及准备争夺帝位，便被唐肃宗以谋逆、割据江东的罪名出兵围剿，后于江北兵败，被皇甫侁所杀。

李白在“安史之乱”爆发后，携家人南奔，上了庐山。永王李璘在到达江陵之后，先后三次派人

唐 ·《石台孝经》（局部）

《石台孝经》刻于唐天宝四载（745 年），西安碑林博物馆的镇馆之宝，碑文由唐玄宗以隶书抄写，碑额“大唐开元天宝圣文神武皇帝注孝经台”由唐肃宗题写。

上庐山请李白下山。至德元载（756年）十二月，李白随韦子春下庐山，加入了永王李璘的幕府。刚开始，李白对永王是抱有期待的，曾自比乐毅，将永王比作燕昭王，但过了两个月他就对永王失望了。在《与贾少公书》里，他抒发了自己的心境："白绵疾疲，去期恬退，才微识浅，无足济时。虽中原横溃，将何以救之？王命崇重，大总元戎，辟书三至，人轻礼重。严期迫发，难以固辞，扶力一行，前观进退……徒尘忝幕府，终无能为。"刚开始"辟书三至""严期迫切"情真意切，所以李白决定"扶力一行"。后来他发现李璘没有打算重用自己，只是想借自己的名头而已，"徒尘忝幕府，终无能为"，恍如一粒微尘，便萌生退意，从前线逃亡了。然而现实的环境没有给他提供宽松的处变之道。李璘最初领的是玄宗之令，但当他知道肃宗已经即位，还忘公谊而急私愤，不思"总江淮锐兵，长驱雍洛"；肃宗面对安禄山、史思明的叛军，却执行攘外必先安内的政策，先对李璘下手。李白夹在中间确实如同一粒微尘，无力改变时局，也无法逃脱命运。至德二载（757年）二月，李璘失败被杀，李白虽然不是他主要的谋士，但也受牵连被捕，被关在寻阳的监狱里，这一年李白已经56岁了。杜甫的《不见》描写了李白当时的处境。

不见李生久，佯狂真可哀。
世人皆欲杀，吾意独怜才。
敏捷诗千首，飘零酒一杯。
匡山读书处，头白好归来。

因为附逆得罪，李白被捕入寻阳狱中。尽管在李璘幕府中只有两个月光景，按罪也当诛。好在郭子仪施以援手，才改为流放夜郎。当时宣慰大使崔涣和御史中丞宋若思为李白极力奔走，认为罪轻应放，并上书朝廷，荐李白可用。但唐肃宗不允许，只是将他假释出来。结果，李白终未能躲过这一劫，当年十二月底，对他判处的刑罚是加役流。

李白虽然不是李璘集团的核心，也从未起到重要的作用，但他的诗作实打实地歌颂了永王。《永王东巡歌》中写道："永王正月东出师，天子遥分龙虎旗。楼船一举风波静，江汉翻为燕鹜池。"《唐律疏议》卷第一名例律第6条"十恶"中的"谋反"规定："谋反，谓谋危社稷。"即策划动摇皇帝的统治。对于"谋反"罪的认定范围极宽。已行即罪、不必有害，出言即罪、不必有行，但谋即罪、不必有言行，并且一人即可称谋、不必二人或多人。只要施行，不论有害无害即有罪，只要说出来不必施行也构成"谋反"罪，而且不必多人合谋，只要一个人即可称"谋"。从某种意义上说，这种对罪名的描述类似于现代刑法理论中的危险犯。

《唐律疏议》卷十七贼盗律第248条"谋反大逆（问答一）"规定："即虽谋反，词理不能动众，威力不足率人者，亦皆斩（谓结谋真实而不能为害者。若自述休征，假托灵异，妄称兵马，虚说反由，传惑众人而无真状可验者，自从袄法）；父子、母女、妻妾并流三千里，资财不在没限。其谋大逆者，绞。”由此可见，“谋反”罪的定罪范围非常宽泛。而且，只要定罪都应处斩，而且家人也要连坐流三千里。所幸，我们从李白刑罚的执行情况推知，他应该被判的是加役流，役三年。李白在《江上赠窦长史》中写道：“万里南迁夜郎国，三年归及长风沙。”此处的三年应为确指，非虚数。

《唐律疏议》卷第二名例第11条“应议请减（此名赎章。问答二）”规定：“加役流者，旧是死刑，武德年中改为断趾。国家惟刑是恤，恩弘博爱，以刑者不可复属，死者务欲生之……以贞观六年奉制改为加役流。”因此，若李白犯的是“谋反罪”，被判“加役流”已是宽大处理。然而“加役流”有一定的适用范围，总的来说有五类犯罪可以处“加役流”。这五类犯罪分别是危害皇帝人身安全的犯罪、侵害他人人身的犯罪、侵犯公私财产的犯罪、职务犯罪以及其他一些重大犯罪，如走私，妻妾殴伤故夫之父母、祖父母等。而位居“十恶之首”的“谋反”不适用此制度。《唐律疏议》卷第四名例第30条“老小废疾（问答四）”规定：“……疏议曰：加役流者，本是死刑，元无赎例，故不许赎……”可见，李白的流夜郎确实是“役三年”并“不许赎”的加役流。

《唐律疏议》卷第一名例第4条“流刑三”规定：“二千里（赎铜八十斤），二千五百里（赎铜九十斤），三千里（赎铜一百斤）。”流二千里、流二千五百里、流三千里，这三种流刑统称“三流”，也叫“常流”。《唐律疏议》卷第三名例第24条“犯流应配（问答一）”规定：“诸犯流应配者，三流俱役一年。（本条称加役流者，流三千里，役三年。

役满及会赦免役者，即于配处从户口例。）疏议曰：犯流……加役流者，本法既重，与常流理别，故流三千里，居役三年。”

从赎刑的规定来看，如果他判的是三千里常流，那他完全可以用100斤铜来赎刑。不能解释为他不想赎刑，也不能解释为他拿不出100斤铜来赎刑。这种强迫劳动三年的生活对任何人来说都不会有一丝一毫的吸引力。唯一的解释是不许李白赎刑。

于是，至德二载（757年）十二月李白开始了他的流放生涯。“江行几千里，海月十五圆”，李白在水路上生活了十五个月，抵达巫峡，终于盼来了好消息。乾元二年（759年）三月，因关内大旱，肃宗大赦天下，“天下现禁囚徒，死罪从流，流罪以下一切放免”。于是有了这首著名的七绝《早发白帝城》。

明·杜堇《古贤诗意图》卷（局部）

此图是由明代金琮选取古人诗篇书写后，由杜堇按其诗意而作。全卷共分九段，分别为李白《右军笼鹅》、韩愈《桃源图》、李白《把酒问月》、韩愈《听颖师弹琴》、卢仝《茶歌》、杜甫《饮中八仙歌》、杜甫《东山宴饮》、黄庭坚《咏水仙》、杜甫《舟中夜雪》三首，共诗十二首，图九幅。
本图为李白《把酒问月》。

醉打金枝

昇平公主与郭暧的政治联姻

“皇帝女唔忧嫁，皇帝女唔忧嫁。陈李张黄司马，位位想变驸马。”这是TVB版《醉打金枝》片头曲的歌词，承载了我们很多的回忆。皇帝女——唔忧嫁，是一句粤语的歇后语，意思是皇帝的女儿不愁嫁。而“醉打金枝”这个故事讲的是唐代宗之女昇平公主与郭子仪之子郭暧之间的故事。这个故事不仅在民间戏剧中广为流传，被改编成晋剧、京剧《打金枝》，在《资治通鉴》中亦有记载。

郭暧尝与昇平公主争言，暧曰：“汝倚乃父为天子邪？我父薄天子不为！”公主恚，奔车奏之。上曰：“此非汝所知。彼诚如是，使彼欲为天子，天下岂汝家所有邪！”慰谕令归。子仪闻之，囚暧，入待罪。上曰："鄙谚有之：'不痴不聋，不作家翁。'儿女子闺房之言，何足听也！"子仪归，杖暧数十。

通俗的演绎里，这个故事背景是郭子仪七十大寿，全家老少齐来贺寿，唯独昇平公主没有前往。郭暧与昇平公主因为贺寿的问题发生争吵，并打了公主。郭暧说："你就是仗着自己的父亲是天子呗？我父亲只是不愿当而已（如果我父亲愿意当天子根本轮不到你父亲）！"昇平公主震怒，直接进宫去告状了。代宗却对昇平公主说："你不知道，他说的不假。如果郭子仪想要当皇帝，这天下还能是我们家的？"郭子仪听闻之后，捆了郭暧上御前请罪。代宗却说："俗语有云：'不痴不聋，不作家翁。'他们夫妻间闺房吵闹说的话，怎么能当真呢！"

司马光把小两口拌嘴的事情写到《资治通鉴》里，其目的不是猎奇，而是证实作为臣子的郭子仪的忠贞，以及作为皇帝的代宗高超的政治权谋。说者无心，但听者未必无意。郭暧的这番言论，如果被政敌拿来扣帽子，可能是谋逆的大罪。自古功高震主都难以善终，韩信用夷族灭宗的结局验证了蒯通对他的预言，“臣闻勇略震主者身危，而功盖天下者不赏”。能做到“功盖天下而主不疑，位极人臣而众不嫉，穷奢极欲而人不非之”，也只有“七子八婿笏满床”的汾阳王郭子仪了。

虽然代宗没有追究这场驸马与公主之间的争吵，但是为了教训儿子的年少轻狂，郭子仪回家之后杖责了郭暧。有了这次经历，昇平公主与驸马都成长了不少，此后二人彼此恩爱。史载：“（郭暧）贤明有才思，尤喜诗人，而端等十人，多在暧之门下。每宴集赋诗，公主坐视帘中，诗之美者，赏百缣。”驸马与公主同乐的恩爱之情跃然纸上。

昇平公主是唐代宗李豫第四女，其母为崔贵

妃。崔贵妃的母亲是杨贵妃的姐姐韩国夫人杨氏，所以“云想衣裳花想容”的杨贵妃是昇平公主的姨姥姥。天宝十四载（755年），“安史之乱”爆发，年幼的昇平公主随着父母开始了逃亡生涯。“马嵬驿兵变”中，包括韩国夫人在内的杨氏一族被诛杀殆尽。其后玄宗出奔剑南，太子李亨北上灵武，当时还是广平王的李豫追随其父，并极力促成了肃宗灵武称帝。后肃宗拜广平王李豫为天下兵马大元帅，统帅郭子仪、李嗣业等将领先后收复长安、洛阳。崔贵妃起初“挟母氏之势，性颇妒悍，及西京陷贼，母党皆诛，妃从王至灵武，恩顾渐薄，达京而薨”。昇平公主由此失恃。永泰元年（765年），昇平公主年十五，与郭子仪第六子郭暧完婚，开始了这段政治联姻生活。其实，权臣之子与受宠的皇帝之女之间本就势均力敌，加上两人年龄相仿，正值青春少艾，即便不像戏剧里有“打金枝”这样的冲突，有针锋相对也在情理之中。

唐 · 彩绘陶骑马带猞猁狩猎胡女俑

女俑身穿白色圆领窄袖缺袴袍，腰系褡裢，脚蹬高靴，身后蹲伏一猞猁。同豹猎一样，猞猁猎也是贵族喜爱的时髦风尚。唐代作为当时的国际性帝国，豹猎和猞猁猎的传入，与马球、胡旋舞等 样，是外来胡风的组成部分。

有唐一代，高祖—太宗时期，公主婚配对象主要是功臣勋贵子弟、关陇贵族后代以及少数民族首领。高宗—玄宗时期，公主择偶的对象为以皇帝妻族为主的外戚集团。肃宗—顺宗时期，公主多与河北诸镇节度使、平定“安史之乱”的功臣后代及回纥首领成婚。宪宗以后，公主择婿渐趋文学之士。昇平公主为代宗之女，即与平定“安史之乱”的功臣郭子仪之子成婚。为什么选郭暧为驸马，除了公主与驸马年龄相仿，大约与郭暧本人生于将门、丰神俊秀有一定关系，所以“初以父任，授太常寺主簿，后因谒见，偏为代宗所赏，出入禁闼，尝目送之，特诏拜驸马都尉，尚昇平公主，擢银青光禄大夫、试殿中监，封清源县开国侯”。

代宗一朝，可考的公主共有18位，而真正能被历史记住的唯有昇平公主。这恐怕不仅仅是因为戏文“打金枝”中的昇平公主给人留下了深刻印象，更是因为昇平公主深明大义。

代宗大历（766-779）年间，长安民众抱怨泾水上碾硙（利用水力启动的石磨）太多堵住了水路，使得不能灌溉农田。由是，大历十三年（778年），代宗下了一纸诏书，内容是“毁除白渠水支流碾硙，以妨民溉田”。在唐代社会，贵族及寺院于其庄园或领地设置碾硙，用以脱谷、制粉，成为重要的生财之道。但是设置碾硙需利用灌溉用水，这样就会影响普通民田的灌溉。代宗为了稳定大局，下定决心限制王公贵戚设置碾硙。在国策推行的过程中，就涉及昇平公主家。昇平公主有脂粉硙两轮，郭子仪家有私硙两轮，官员不敢拆除。昇平公主因为这件事进宫要求免于拆除，代宗说：“我推行这个政策是为了天下苍生，你怎能不懂我的意图呢？你应该做大家的表率，率先拆除才是啊！”经过与父亲的一番深谈，昇平公主以帝女应有的气度迅速贯彻了父亲的旨意，回去就命人把碾硙毁了。其他亲贵一看公主毁了自家碾硙，也只得按照旨意办事，于是80多个碾硙全都拆除了。国策推行如此顺利，昇平公主没有倚仗得宠骄纵跋扈，其顾全大局的做法功不可没。

昇平公主墓志中写道："和鸣于敬顺之间，崇德于唱随之际。"意为公主婚后与丈夫鸾凤和鸣、鹣鲽情深。其实，除了"醉打金枝"之外，昇平公主与郭暧的婚姻生活还是很和谐的，不仅在政治上共同进退，荣辱与共，在生活上也志趣相投。

建中二年（781年）郭子仪去世，建中四年（783年）泾原兵变，长安陷落，朱泚叛乱，唐德宗仓皇逃往奉天。此时，郭暧正值守丧期间，朱泚逼迫郭暧在他手下做官，"暧辞以居丧被疾"，费尽千辛万苦，"与兄晞、弟曙及昇平公主皆奔奉天"。一路奔波劳碌，历尽重重险阻才来到奉天。为了表彰郭暧与昇平公主的坚贞不移，“德宗喜，并释前咎，待之如初，复银青光禄大夫、检校左散骑常侍。从驾至山南，改太常卿同正员”。为了嘉奖郭暧的忠心，德宗后又晋其为金紫光禄大夫。

大历年间，李端、卢纶、吉中孚、韩翃、钱起、司空曙、苗发、崔洞（一作峒）、耿沣、夏侯审十人被称为“大历十才子”。郭暧贤明有才思，尤其喜爱诗人，他们都是郭暧的门客。每次宴会雅集赋诗，昇平公主也会参加，坐视帘中，并对诗作的优劣加以品评。可以说，昇平公主对这些文士的创作风尚起到了引领作用，并彰显了其女性的审美趣味。从这一点来看，共同爱好和趣味也是他们鹣鲽情深的佐证。

贞元十六年（800年），郭暧因病去世，唐宪宗元和五年（810年）十月初七，昇平公主因病去世，唐宪宗追赠其为虢国大长公主，赐谥号“懿”。最后，元和六年（811年）七月十日与郭暧合葬于

五代 · 周文矩《琉璃堂人物图》卷（局部）

（旧题 唐 · 韩滉《文苑图》卷）

画唐代诗人王昌龄邀请同时期著名诗人在“琉璃堂”雅集故事。人物形象清隽生动，气质高贵。以独特的“战笔描”勾写衣纹，笔法精劲流利，赋色轻淡，格调冲雅，堪称五代人物画之佳作。

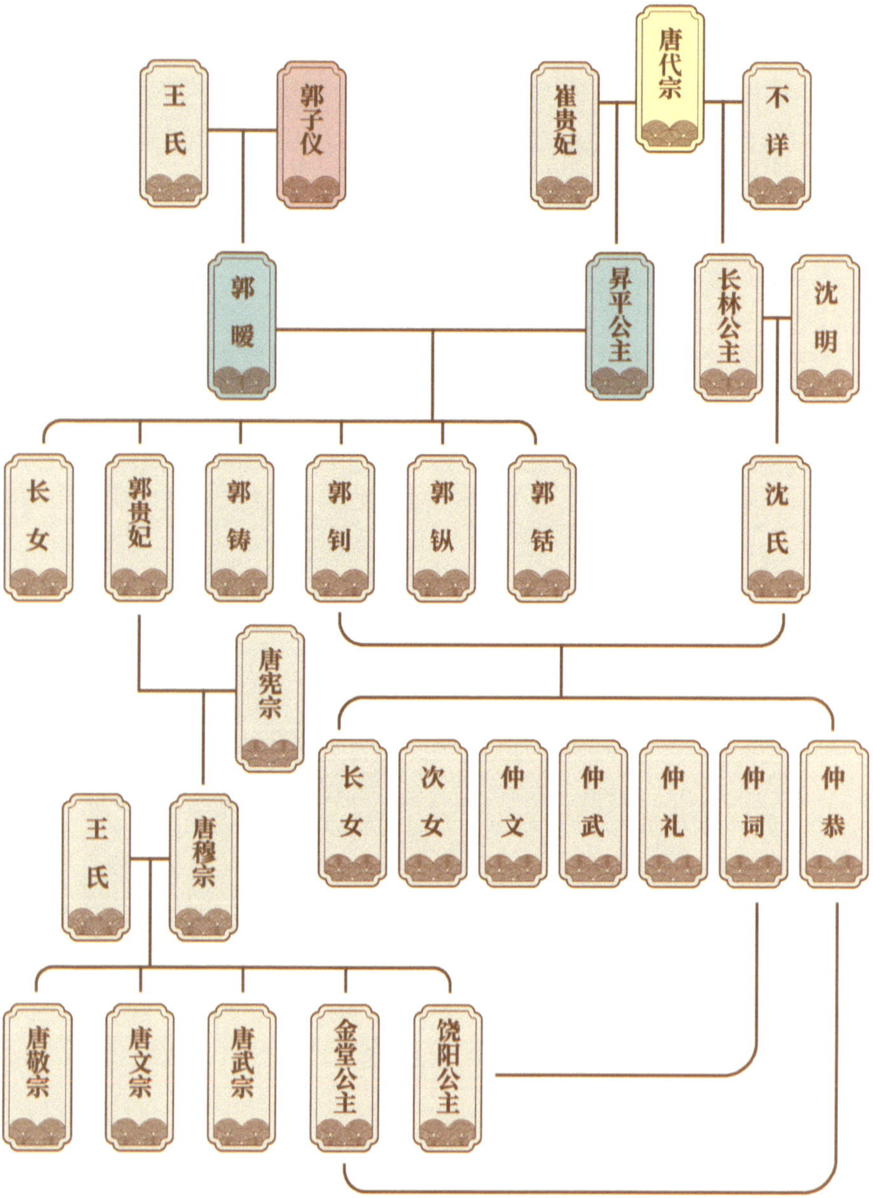
王氏
郭子仪
崔贵妃
唐代宗
不详
郭暧
昇平公主
长林公主
沈明
长女
郭贵妃
郭铸
郭钊
郭鏦
郭铦
沈氏
唐宪宗
长女
次女
仲文
仲武
仲礼
仲词
仲恭
王氏
唐穆宗
唐敬宗
唐文宗
唐武宗
金堂公主
饶阳公主

凤栖。两人共育有三子二女，也都延续了家族的荣耀。其中次女为唐宪宗嫡妻郭贵妃，亦是唐穆宗的生母，一生历经唐朝七代皇帝，五朝居于太后之尊，所谓“七朝五尊”，死后也极尽哀荣。

虽然正史并无郭暧打昇平公主的记录，可能是戏剧为了增加冲突性增加了“打金枝”这一情节，但我们不妨从这个情节来看唐朝的法律对于家庭暴力是如何规定的。《唐律疏议》卷第二十二斗讼第325条专门规定了殴伤妻妾条。

诸殴伤妻者，减凡人二等；死者，以凡人论。殴妾折伤以上，减妻二等。疏议曰：妻之言齐，与夫齐体，义同于幼，故得减凡人二等。死者，以凡人论，合绞。以刃及故杀者，斩。殴妾不伤，无罪；折伤以上，减妻罪二等，即是减凡人四等。若杀妾者，止减凡人二等。

若妻殴伤杀妾，与夫殴伤杀妻同。（皆须妻妾告乃坐。即至死者，听余人告。杀妻仍为不睦。）过失杀者，各勿论。

在唐代法律中，丈夫的地位如尊长，而妻子的地位如卑幼，妻子的行为皆受丈夫的支配。唐律以“出嫁从夫”“妻卑夫尊”为原则，处理家庭和夫妻之间的纠纷。

我们可以反过来看一下，如果是妻子打了丈夫，唐律是如何规定的。《唐律疏议》卷第二十二斗讼第326条“媵妾殴詈夫”规定：“诸妻殴夫，徒一年；若殴伤重者，加凡斗伤三等；（须夫告，乃坐）死者，斩……过失杀伤者，各减二等。”

不难看出，夫妻之间的暴力行为，都须告诉才处理，不告不理。其处罚有如下不同点：首先，妻子只要殴打丈夫，就会受到刑罚的处罚，根据罪行的不同，加重凡人一至四等；丈夫殴打妻子则必须造成伤害，法律才会判处刑罚，根据罪行的不同，减凡人一至四等，且须妻子亲告才构成殴伤罪，无伤则不负任何法律责任。因此，丈夫可以随意殴打妻子，社会上也认为这是治家、振纲纪必不可少的，与父母殴责子女一样是合理的。其次，丈夫殴打妻子造成伤害的，“减凡人二等”，但妻子殴打丈夫造成伤害的，“加凡斗伤三等”。其三，妻子杀害丈夫的，无论是故杀还是误杀都要斩决，但丈夫杀害妻子的，处以绞刑，只有“以刃及故杀者”，才处以斩刑。最后，丈夫对妻子过失犯罪，是不问罪的；反之，妻子对丈夫实施同样的行过失犯罪则要处以死刑。上述律条的规定表明，夫妻相犯，与普通人相比，妻子加重刑罚，丈夫减轻刑罚，法律地位大不相同。仅仅从殴伤来看，同样是殴伤却有五等的差别，从相关律条就能看出在家庭关系中，妻子对丈夫的从属和依附关系。

诚然，昇平公主是否被打我们无从得知，是否被打伤更是无从查证。但从唐律的规定不难看出，即便是在女性社会生活地位较高的唐代，男女不平等不单纯是一种社会现象，还被写进了律法里，成为一种法律制度而被确定下来。女性在婚姻生活中遭受家庭暴力时所能寻求的法律保护相较于男性来说仍是十分有限。

武元衡被刺案

河北与长安之间的博弈

有些不了解唐史的朋友，可能以为“安史之乱”之后，唐朝就灭亡了。其实，“安史之乱”爆发于755年，而唐朝灭亡于907年，也就是说，“安史之乱”爆发之后唐朝的国祚仍延续了152年，其间有14位皇帝先后继位，并出现了“元和中兴”“会昌中兴”等和平昌盛之世，但通常的历史叙事对这段时间的事着墨不多，所以唐宪宗、武元衡、裴度等人物的形象相对模糊。而我们所熟知的通读全文并背诵的白居易（775—846）可以说是这段历史的见证者，先后经历了元和、长庆、会昌三个时期，而他本人一生中巨大的转折点就是元和十年（815年）宰相武元衡和御史中丞裴度被人当街刺杀事件，武元衡身死，裴度重伤。白居易力谏，却被贬江州，并写下“座中泣下谁最多，江州司马青衫湿”。白居易一生宦海沉浮，而且在几个不同的时期，都处于唐代政治权力的中心。尽管他本人的政治角色并不那么关键和突出，但即便在他看似远离实际政治运作中心的时刻，他仍然与朝中重要人物和群体保持相当密切的联系。

魏博	田弘正	管辖魏州、博州、相州、贝州、卫州、澶州六州，位于今鹤壁、安阳、临清一带
平卢淄青	李师道	管辖齐州、淄州、青州、莱州、登州，位于今济南、淄博、潍坊、烟台、威海一带
成德	王承宗	管辖镇州、赵州、冀州，位于今石家庄、赵县、衡水一带
淮西	吴元济	管辖申州、光州、蔡州，今汝南、信阳、潢川一带

续表

卢龙	刘总	负责防御奚、契丹，管辖幽州、蓟州、妫州、檀州、恒州、莫州、涿州、瀛州，今北京、天津一带
西川	刘辟	管辖茂州、彭州、蜀州、汉州、邛州、眉州、雅州、黎州、嘉州、巂州、戎州，今成都、眉山、雅安、乐山、西昌一带
夏绥银	韩全义	管辖夏州、银州、盐州、宥州、灵州等，今银川、灵武、榆林、绥德、神木一带
镇海	李锜	管辖润州、杭州、常州、苏州、湖州、睦州，今镇江、常州、苏州、嘉兴、杭州一带

元和十年六月三日清晨，武元衡备马入朝，刚出所居住的靖安坊东门，就遭到刺客的袭击，忽然有人暗中大喊一声并吹灭蜡烛，嗖的一声，刺客突施冷箭，射中了他的肩膀。紧接着四下里埋伏着的刺客冲了出来，拿着棍子猛地砸向武元衡左腿。当是时，武元衡的侍从已被刺客杀得四散奔逃，武元衡本是文官，再加上遭遇突袭中箭受伤，独力难支。刺客便强拉着武元衡的坐骑往东南方向，于十余步开外将他杀害，更是残暴地砍下了他的头颅，放入怀中而去。这一切发生得非常突然，等到众人发现，齐声呼喊，只见武元衡已倒在血泊之中，位置正在他的宅第东北角墙外。这时天还没亮，街道上有许多骑马的朝官及行人，巡逻兵卒连声呼喊十余里，都说是盗贼杀了宰相，喊声直达朝堂。百官议论纷纷，不知死者是谁。一会儿，武元衡的马跑来了，遇见的人辨认了出来，这才知道原来是武元衡遇害。弄清死者之后，宪宗驾临紫宸门，主管官员将武元衡遇害之事奏报。宪宗震怒惊诧，退朝而坐延英殿。武元衡是宪宗团队核心的股肱之臣，他的遇刺给宪宗的打击可想而知。宪宗悲痛不已，两餐不食，罢朝五日，谥“忠愍”。几乎同一时间，裴度也在通化坊东门处遇刺，刺客向裴度连刺三剑：第一剑击断了裴度的靴带；第二剑刺中了他的后背，划破了他的单衣；最后一剑划伤了他的头。裴度跌下马来。幸亏裴度头戴毡帽，才幸免于难，头部伤势没那么严重。见其落马，刺客锲而不舍又挥剑追杀裴度。裴度的随从王义舍身护主，挺身而出，抓住了刺客的兵刃连声疾呼，刺客回剑砍断了王义的手，才得脱身。这边厢，被王义所救，刺客未能得手，裴度跌进沟中。刺客以为裴度已死，裴度这才幸免于难。事隔三日，宪宗下诏委任裴度为门下侍郎、同中书门下平章事。并下令金吾、府、县大索凶手，并增派金吾骑士保护宰相。

然而，凶手极为猖狂，威胁查案人员，扬言：“毋急捕我，我先杀汝。”吏卒敷衍拖延，数日过去，一无所获。恐怖笼罩着京城，人心浮动，大臣们十分焦虑。有的大臣害怕株连到自己，甚至向宪宗献计，要求罢免裴度的官职来安抚成德王承宗和淮西李师道。宪宗闻言大怒，“如果罢免裴度，让他们的奸计得逞，何以举振朝纲？（现在武元衡已经遇害）哪怕我只用裴度一个人，也足以破此二贼！”看到宪宗惩凶的态度如此坚决，时任吏部侍郎的许孟容哭着见宪宗，说道：“自古未有宰相横尸路隅而盗不获者，此朝廷之辱也！”坚决请求“大索贼党，穷其奸源”。

宪宗为之愤叹，下诏以钱万络和官五品作为悬赏，迅速缉拿凶手，谁敢包庇、藏匿，诛全族。于是，长安城内展开了大规模的搜捕，就连公卿住宅中可以匿藏东西的复壁（即夹墙）都不放过。

疑点逐渐集中到成德军进奏院（藩镇在长安城有自己的办事机构，相当于现在的驻京办事处）内的恒州卒张晏等人，他们“行止无状，众多疑之”，神策将军王士则、王士平告发他们受成德节度使王承宗的派遣行刺武元衡和裴度，随即张晏等人被捕，交付京兆尹裴武、御史陈中师审讯，都认了谋杀罪。宰相张弘靖有所怀疑，多次向宪宗进言，但因提不出推翻原判的具体证据，宪宗并不接受，下令斩张晏等5人，杀其党14人，进而将王承宗诬陷武元衡的前后三表出示大臣，追究其“潜遣奸人，窃怀兵刃，贼杀元辅，毒伤宪臣”之罪，但朝廷只是断了成德的朝贡，没有出兵讨伐。

经过一系列缉凶追查，被抓获的凶手，或系王承宗部下，或系李师道部下，他们的上司均有谋杀的动机。《旧唐书·裴度传》记载：“王承宗、李师道俱遣刺客刺宰相武元衡，亦令刺度。”《新唐书·裴度传》也略同。

此次刺杀的源头得从元和九年（814年）说起。元和九年六月，淮西节度使吴少阳去世，其子吴元济秘不发丧，上表要求自领军务，朝廷不答应。于是，吴元济发兵“焚舞阳及叶，掠襄城、阳翟”，战火遍及千余里，“关东大恐”。吴元济又效法其父领军，杀死淮西判官，使唐朝中央政府与淮西割据势力的矛盾迅速激化。淮西地控申、光、蔡三州，“四旁皆国家州县，不与贼邻，无党援相助”。淮西为心腹重地，关系着江淮漕运，朝廷早就想要收复，于是发兵讨伐吴元济。王承宗向宪宗上疏请求赦免吴元济，还派人进京求见武元衡，这个使者见到武元衡后态度悖慢不恭，元衡怒斥此人将他赶走。李师道、王承宗就用暗杀武元衡和裴度的方式来支援吴元济。

虽然宪宗打算追究王承宗、李师道刺杀宰相之罪，但迟迟没有动静，这是因为其对淮西的战事一直处于劣势，直到元和十二年（817年）十月，李愬提精兵九千，冒着大风雪，突袭淮西治所蔡州城成功，一举擒获元凶吴元济，终于平定了淮西之乱，打开了新局面。向来依靠淮西的成德、淄青两镇开始恐慌。元和十三年（818年）三月，裴度还在淮西，布衣柏耆将计策献给韩愈，韩愈替他告诉裴度："吴元济既擒，王承宗破胆矣。愿得奉丞相书往说之，可不烦兵而服。"果然，王承宗求哀于魏博节度使田弘正，不得不送人质、献地来弥补过错。四月，魏博遣使送王承宗二子及德、棣二州图印至京师，强藩王承宗被制服。

吴元济既诛，李师道才真正意识到朝廷威力的可畏，上表乞听朝旨，请割三州并遣长子入侍宿卫，但被部下将领制止。将领们都说："蔡州、申州、光州才三个州府，战三四年才攻克，您现在有十二个州，怕什么呢？”他的妻妾、奴婢也说：“自先司徒（按指李正己）以来，有此十二州，怎么能还没有实质伤害到我们就割地呢？现在境内兵士数十万人，不割这三州，朝廷最多不过发兵，咱们还可以勉力一战，如果实在打不赢，到时候再商议割地也不晚啊。”于是李师道听从了他们的意见，停止了送人质、献地等做法。宪宗大怒，下诏削李师道官爵，让宣武、魏博、义成、武宁、横海诸镇联军全力讨伐他。出乎意料的是，号称“东方强镇”“境内兵士数十万人”的淄青，从元和十三年七月与官军交战以来，连连败北。在裴度的精心谋划下，唐军临其四境，田弘正则将全师自杨刘渡过黄河，淄青兵势日衰。元和十四年（819年），众叛亲离的李师道欲杀其将刘悟，从而促使刘悟在阳谷反正，举兵进入郓州城，俘斩了李师道，淄青也告削平。

综上所述，元和刺相案，是在朝廷动用武力平叛威胁到藩镇生存的历史背景下，经诸强藩共同策划，由王承宗部下直接行刺制造的。然而，谋杀活动并没有动摇唐宪宗平叛的决心；宰相武元衡的遇难，更有后继者裴度的发愤进取，君臣同舟共济，最终削平强藩悍将，开创了“元和中兴”的局面。

从我们今天的角度来看，王承宗和李师道买凶杀人，属于故意杀人罪的共同犯罪，王承宗和李师道是主犯，实际的刺客是从犯。而且不论是在唐朝还是现在，当街杀人而且是杀害朝廷要员，都是能引起重要舆情和极高社会关注度的刑事案件。即便当时没有热搜，这也是能在长安城内街知巷闻的事件。那么，政府对于这一突发恶性事件的应对策略不仅是对死去的武元衡和重伤的裴度的交代，更重要的是对藩镇执政策略的体现。案发后，宪宗震怒下令缉凶，并以谋杀罪诛之。根据《唐律疏议》的规定，“诸谋杀人者，徒三年；已伤者，绞。已杀者，斩”“造意者，谓元谋屠杀，其计已成，身虽不行，仍为首罪，合斩”。刺客既已伏诛，剩下的就是主谋王承宗和李师道了，其计已成，武元衡身死、裴度重伤，身虽不行，其二者仍为首罪，论律当斩。但结合当时的形势，凭借律令让王承宗、李师道伏法并非易事。

元和四年（809年），成德节度使王士真病亡，其子王承宗自称留后（留后，官职名，唐中叶后，藩镇坐大，节度使遇有事故，往往以其子侄或亲信将吏代行职务，称节度留后或观察留后），其后又囚禁德州刺史薛昌朝，宪宗以吐突承璀行营招讨处置使，总揽讨伐王承宗的军务。结果陈兵一年毫无建树，无功而返。其间，白居易接连上疏进谏——《请罢兵第二状》《请罢兵第三状》——极言当时战事不利，恳请罢兵，言辞激烈。正因如此，当时宪宗对于白居易的态度发生了重大的变化。《旧唐书·白居易传》记载："王承宗拒命，上令神策中尉吐突承璀为招讨使，谏官上章者十七八。居易面论，辞情切至。既而又请罢河北用兵，凡数千百言，皆人之难言者，上多听纳。唯谏承璀事切，上颇不悦，谓李绛曰：'白居易小子，是朕拔擢致名位，而无礼于朕，朕实难奈。'"白居易的政治主张无可厚非，但是，在宪宗坚持武力削藩的特定政治背景下，这样的政治主张与当时政治局势的发展格格不入，于是，白居易陷入了政治困境之中，"乐天于元和中不主张用兵，固习于贞元以来朝廷姑息藩镇，以求苟安之措施。惟于此似亦不无心理情感之关系。未必悉因党派之分野，而反对李吉甫吐突承璀之积极政策也"。正因曾在讨伐王承宗的过程中吃了败仗，加之主要精力用在讨伐淮西吴元济上，宪宗腾不出手，也不想马上对王承宗和李师道发难。可谁知，向来反对对藩镇用兵的白居易却带头上疏替武元衡陈冤，要求立刻抓捕元凶以雪国

宋 · 李公麟《会昌九老图》(局部)

唐代诗人白居易因直言朝政，被权贵所忌，遂弃官归隐香山，自称香山居士。他曾在洛阳家中，与年高而不慕名利的胡杲、吉旼、郑据、刘真、卢真、张浑、狄兼谟、卢贞结成“九老会”，又名“尚齿会”雅集，并请画师绘图纪念。后人慕其风雅，常以此题材表达文人逃避政治，崇尚隐逸的思想。

耻。和藩镇素有勾结的宰相李绛认为白居易非谏官，不应当先于谏官上疏言事。那些平日里讨厌白居易的人便借着这个机会，挑他的毛病，说他浮华无德行。李绛正好厌恶他多言，便奏请皇上贬他为江表刺史。诏令发出之后，中书舍人王涯上疏说他犯下这些事，不宜作为地方长官，于是追发诏令进一步贬为江州司马。于是有了前面提到的“江州司马青衫湿”。

正如陈寅恪先生所言，白居易坚持自己的政治主张，不是因为党派分野，只是每每与宪宗应对河朔叛乱的意见相左，以致政治生涯屡屡陷入困境。元和中，武元衡被刺案并不单单是一件刑事案件，其背后是这个时代政治争夺、军事挞伐的缩影。白居易上疏所言本无过错，只是时机失之毫厘，谬以千里，他的政治生命和这个时代紧紧连在一起。

唐宪宗平定藩镇年表

元和元年（806年）十月易定节度使张茂昭请求入朝
元和二年（807年）平定了镇海节度使李锜之乱，江南财政重镇重回朝廷，随后山南东道的于頔、荆南的裴均纷纷入朝
元和四年（809年）讨伐成德节度使王承宗失败
元和五年（810年）擒昭义节度卢从史
元和七年（812年）魏博兵变，以田兴为留后，田兴与众约法，归附唐朝，宪宗嘉之，赐名弘正。田弘正以魏博归附，在元和削藩的过程中，也是功不可没
元和十二年（817年）用10余镇兵力攻下中原30余年不沾王化的淮西之地
元和十二年（817年）田弘正大破王承宗于南宫，王承宗请降，上表请罪
元和十三年（818年）平定淮西，王承宗迫于形势，献地谢罪
元和十四年（819年）二月杀淄青节度使李师道，收复淄青
元和十五年（820年）王承宗死，王承元归顺，成德平

元和逆案

唐宪宗之死与《续玄怪录》

“劝君莫惜金缕衣，劝君惜取少年时。花开堪折直须折，莫待无花空折枝。”这是中唐时的一首流行歌曲的歌词。据说元和时镇海节度使李锜喜爱此词，常常让侍妾杜秋娘在酒宴上演唱。歌词的作者已无从考证。

相信不少人能背诵这首《金缕衣》，但是对杜秋娘却未必了解。杜牧曾在《杜秋娘诗并序》中对她的身世作了简单介绍：“杜秋，金陵女也。年十五，为李锜妾。后锜叛灭，籍之入宫，有宠于景陵。穆宗即位，命秋娘为皇子傅母。皇子壮，封漳王，被罪废削，秋因赐归故乡。”大意是，杜秋娘原本是镇海节度使李锜的妾，元和二年（807年），李锜反叛被诛，杜秋娘进宫成为宪宗的宠妃。结果元和十五年（820年）宪宗突然去世，杜秋娘被继位的穆宗安排为其子漳王李凑的保姆，后来李凑因罪被废，杜秋娘也被除籍回到金陵。可以说，元和十五年宪宗的暴毙改变的不只是杜秋娘的命运，还有之后唐朝的国运。

唐宪宗实为“中兴之英主”。他27岁即位，在位的15年间，加强财政管理，重用杜黄裳、李吉甫、武元衡、裴度、李绛等贤相，一改自代宗、德宗、顺宗三朝以来藩镇割据、嚣张跋扈的局面，收复强藩河朔三镇，史称“元和中兴”。但随着元和十五年其暴毙，藩镇相继复叛，中兴的局面未能持续，唐朝的国运也江河日下。

元和十五年，唐宪宗身上究竟发生了什么，我们无法确切知晓，但同时代的李复言借传奇小说《续玄怪录》中的《辛公平上仙》一篇，将宪宗被刺身亡的场景用另一种方式讲述了出来。书中讲述了元和末年，洪州高安县尉辛公平赴京公干，机缘巧合下认识了阴间官吏王臻。

臻曰："此行乃人世不测者也。幸君能一观。"成公曰："何独弃我？"曰："神祇尚侮人之衰也，君命稍薄，故不可耳，非敢不均其分也。入城当舍于开化坊西门北壁上第二板门王家，可直造焉。辛君初五更立灞西古槐下。"及期，辛步往灞西，见旋风卷土，逦迤而去。到古槐，立未定……臻引辛谒大将军，将军者，丈余，貌甚伟。揖公平曰："闻君有广钦之心，诚推此心于天下，鬼神者且不敢侮，况人乎？"谓臻曰："君既召来，宜尽主人之分。"遂同行。入通化门及诸街铺，各有吏士迎拜……臻与公平止西廊幕次……

居数日，将军曰："时限向尽，在于道场，万神护跸，无许奉迎，如何？"臻曰："牒府请夜宴，宴时腥膻，众神自许即可矣。”遂行牒。牒去，逡巡得报曰：“已敕备夜宴。”于是部管兵马，戌时进入光范及诸门，门吏皆立拜。宣政殿下马，兵三百余人步，将军金甲仗钺来立于所宴殿下，五十人从。卒环殿露兵，若备非常者。殿上歌舞方欢……俄而三更四点，有一人多髯而长，碧衫皂裤，以红为褾……其状可畏，忽不知其所来。执金匕首，长尺余，拱于将军之前，延声曰：“时到矣！”将军频眉揖之，唯而走。自西厢历阶而上，当御座后，跪以献上。既而左右纷纭，上头眩。音乐骤散，扶入西阁，久之未出。将军曰：“升云之期难违顷刻，上既命驾，何不遂行？”对曰：“上澡身否？然可以即路。”遽闻具浴之声。三更，上御碧玉舆，青衣士六，衣上皆画龙凤，肩升下殿……将军笑之，遂步从环殿引翼而出。自内阁及诸门，吏莫不呜咽群辞，或收血捧舆不忍去者。过宣政殿，二百骑引，三百骑从，如风如雷，飒然东去。出望仙门，将军乃敕臻送公平。遂勒马离队，不觉足已到一板门前。臻曰："此开化王家宅，成君所止也。仙驭已远，不能从容，为臻多谢成君。"牵辔扬鞭，忽不复见，公平扣门一声，有人应者，果成君也。密不敢泄，更数月，方有攀髯之泣。

王臻告诉辛公平阴世遣迎天子上仙军马大将军将要迎接皇帝"上仙"（即皇帝要驾崩了），并邀请他去参观这个场面。大将军率领阴间兵马来到长安，说："迎接皇帝的地方在道场，可是那里有众神保护皇帝，该怎么办呢？"王臻献计道："可以举办一场夜宴，宴会满是荤腥，这样众神昏昏沉沉，我们就有机会了。"布置妥当后，队伍戌时（现在的19—21点）入丹凤门，过含元殿，侧行进入光范门，穿过宣政殿，到达正在进行夜宴的场所。到了三更的时候，一个绿衣皂裤、手持尺余长金匕首的人大声喊道："时辰已到！"说罢，这个身穿奇怪

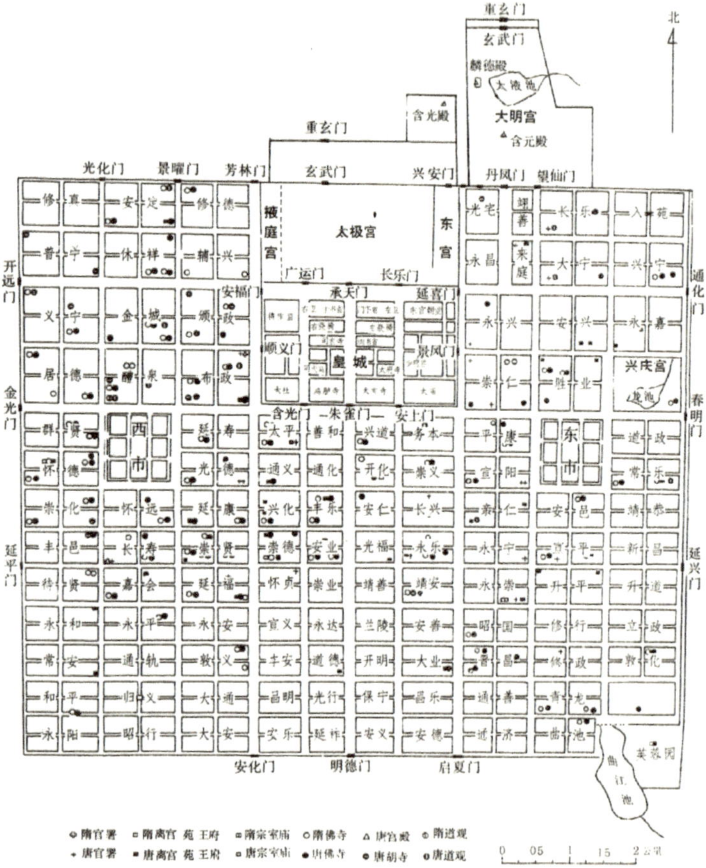

唐长安城坊图

来源：陕西省地方志编纂委员会编：《陕西省志·行政建置志》，三秦出版社1992年1版。

服装的人就向大将军献上匕首，大将军一步一步登上玉阶，来到御座旁，跪下献上匕首。宴会大乱！皇帝望着眼前的金匕首，感到一阵晕眩。这时音乐骤停，拥上来一些人，把皇帝扶入西阁，但许久都没出来。这时，大将军说："时辰不可拖延，何不现在就迎接陛下上仙？"西阁传出声音："给陛下洗完身子了吗？洗完后即可上路！"随后是洗浴之声。五更天，皇帝登上玉舆，被送出西阁。宫人一边呜咽流泪，一边擦着血迹，拉着玉舆，不忍其离去。穿过宣政殿，五百骑如疾风迅雷，飒然东去。

再看史书对宪宗暴亡的记录："上崩于大明宫之中和殿。时以暴崩，皆言内官陈弘志弑逆。史氏讳而不书。"（《旧唐书·宪宗纪下》）"宪宗疾大渐，内官陈弘庆（志）等弑逆。宪宗英武，威德在人，内官秘之，不敢除讨，但云药发暴崩。"（《旧唐书·王守澄传》）"庚子，暴崩于中和殿。时人皆言内常侍陈弘志弑逆，其党类讳之，不敢讨贼，但云药发，外人莫能明也。”（《资治通鉴·唐纪·宪宗纪》）虽然辛公平上仙这个故事是文学创作的产物，但他所依托的宪宗被刺杀这个事件，应有其事。

当然，我们不能不结合当时的朝局形势而仅凭一家之言来讨论这个案件的真伪。宪宗的祖父唐德宗李适于大历十四年（779年）即位，当年即立李诵为皇太子，贞元二十一年（805年）正月，唐德宗去世，唐顺宗李诵即位。也就是说，李诵当了26年的太子，而且其即位时就已经中风。唐顺宗即位后立即重用“二王八司马”（“二王”指王叔文、王伾，“八司马”指韦执谊、韩泰、陈谏、柳宗元、刘禹锡、韩晔、凌准、程异），推行了一系列新政，史称“永贞革新”。但没承想，当年八月，其子李纯协同宦官俱文珍发动政变软禁唐顺宗，迫使其“禅让”，是为唐宪宗，史称“永贞内禅”。王叔文被捕后赐死，刘禹锡、柳宗元等被贬为偏远州郡的司马；第二天李诵才以太上皇的身份发布命令，改贞元二十一年为永贞元年。次年，正月初二，唐宪宗改永贞元年为元和元年；正月十九，太上皇唐顺宗于兴庆宫中驾崩。

陈寅恪先生认为："永贞内禅即新故君主替嬗之事变，实不过当日宫禁中阉人两党竞争之结局，其说诚不诬矣。夫顺宪二宗帝王父子且为其牺牲品及傀儡子，何况朝臣若王伾王叔文韦执谊刘禹锡柳宗元之徒乎？韩退之与宦官俱文珍有连，此据昌黎先生外集三送汴州监军俱文珍序及王明盛蛾（蚁）术编五七俱文珍条，可以推证得知者，故顺宗实录中关涉宫禁诸条，基础案子当日之阉宦，复经宪宗鉴定添改，则所纪者，当能得其真相，但即因是转为阉人所恶。盖其党类于永贞之末，胁迫顺宗以拥立宪宗之本末，殊不欲外廷知之也。及宪宗又为内官所弑，阉人更隐晦其事，遂令一朝国史，于此大变，若无若有，莫能详述。然则永贞内禅及宪宗被弑之二大事变，即元和一代，其君主与宦官始终之关系，实为穆宗以后阉党之深讳大忌，故凡记载之涉及者，务思芟夷改易，绝其迹象。李书此条实乃关于此事变幸存之史料，岂得以其为小说家言，而忽视之耶？”（《金明馆丛稿二编·顺宗实录与续玄怪录》）

您可能会问，为什么宦官的势力能如此之大，甚至有决定皇帝命运的大权。唐代宦官权势膨胀肇始于玄宗朝，“安史之乱”后，宦官势力进一步加强。“泾师之变”后，德宗以宦官为神策军左右护军中尉，形成制度，由此宦官掌握了神策军，拥有了兵权，形成真正意义上的宦官专权局面。在这样的政治背景下，贞元、元和年间，产生了贞元宦官集团与元和宦官集团，这对于整个唐代后期宦官集团的形成和发展有着极为重要的影响，因为以这两个宦官集团中的主要成员为基础形成了众多的宦官世系，唐代后期任神策军中尉、枢密使的权势显赫的宦官几乎都是这些宦官世系中的成员。

顺宗即位后，因其中风不能管理朝政，由其亲信宦官李忠言与牛美人服侍。牛美人受旨于帝，告知李忠言，李忠言又告知外臣王叔文。王叔文与永贞党人柳宗元、刘禹锡、韩晔商议，然后下中书，交给韦执谊施行，因此王叔文权振天下。不仅对此，王叔文还想要夺取宦官的兵权，这就触及了宦官集团的利益，于是宦官俱文珍与中官刘光琦、薛文珍、尚衍、解玉等策划立广陵王李纯为皇太子，谋划军国大事。最后，唐宪宗也是在俱文珍的帮助下实现了政权的更迭。

元和年间，宦官内部的派系主要是吐突承璀宦官集团与元和逆党，二者斗争激烈。宦官内争对元和末年的皇位继承产生了重要的影响，而元和末年的皇位继承又与元和年间的储位之争有联系。

元和六年（811年）十二月，皇太子李宁薨，原本平静的储位之争波澜再起，吐突承璀等宦官建议立长子澧王李宽为太子，宰相崔群则联合郭贵妃和郭钊支持立嫡子遂王李宥即后来的穆宗为太子。在这个立嫡立长的问题上，宪宗原本属意澧王李宽，并让崔群替澧王写一篇辞让表，结果却被崔群奏请澧王不当其位，当立嫡长遂王。加之当时吐突承璀因罪被贬外任淮南监军，所以，宪宗采纳了崔群的建议，立遂王李宥为皇太子。但是，元和十四年（819年）崔群突然被罢相，被贬为湖南观察都团练使。这对于遂王一党来说，是一个非常危险的信号。而且因为宪宗忌惮郭贵妃出身显赫（其祖父为郭子仪，其父为驸马郭暖，其母为代宗长女昇平公主），所以郭贵妃虽然身为嫡妻却始终未能被封为皇后，入主中宫。实权派人物的被贬和经年的忌惮、提防使触手可及的皇位变得岌岌可危，于是一场政变如箭在弦上，不得不发。

弑君之事，多年后亦有佐证。从821年穆宗即位，到穆宗卒，再到其子敬宗、文宗、武宗相继嗣位，直至847年，宪宗第十三子宣宗即位，经过26年漫长的等待，皇位才从穆宗诸子手里转移到宪宗幼子宣宗手里，这宗弑帝大案才翻案。裴廷裕《东观奏记》云："宣宗追恨光陵（穆宗）商臣之酷，郭太后亦以此暴崩。"可见郭贵妃（即后来的郭太后）和太子（穆宗），是一起进行密谋的。宣宗即位后在诛杀元和逆党的同时也将郭氏置于死地，而且在郭氏死后顶住大臣的压力，不准郭氏合葬景陵（宪宗葬于景陵），也不允许她配享宪宗庙室，可见宣宗对郭氏痛恨之深，也可见郭氏在元和末年皇位继承过程中所起的作用之大。

这26年间，李复言“假道家‘兵解’之词，以纪宪宗被弑之实，诚可谓‘微而显，志而晦，婉而成章’者矣”。从上述永贞内禅与元和逆案不难看出，唐代自中叶以后，在政权更迭之际，宫禁之中经常会发生剧变，而宦官实为这类剧变的推动者，外廷士大夫则是阉宦党派斗争可怜的附属品与牺牲品。有唐一代的政治史中，这一点至关重要，帝王只是傀儡和符号，真正的权柄才是人们追求和逢迎的目标。宪宗一代中兴之英主尚且如此，遑论其他。而且因为是宫禁秘事，外间本不易得知，而宦官本就非常忌讳，不欲外廷过问。因此元和一代，其君主与宦官的关系，后来的宦官犹欲隐秘，以免其族类成为众矢之的。

鱼玄机杀婢案

易求无价宝与难得雪沉冤

“易求无价宝，难得有心郎。”这句诗出自唐代女冠诗人鱼玄机。何为女冠？唐代是道教发展比较兴盛的时代，唐朝统治者自称是道家创始人老子李耳的后人，制定了一系列崇道政策，扶持道教，提高道家和道教的地位。当时，上至王侯将相，下至贩夫走卒，炼丹服药，问道游仙，蔚然成风，不少公主、妃嫔、宫女、官员的姬妾、平民女子出家度为女冠。这些道士、女冠一般不事生产，生活比较自由，其中文化水平较高者常广交达官显贵，游历名山大川，与文人名士诗词唱和、吟风弄月。唐代几位著名的女诗人如李冶、鱼玄机、薛涛等皆为女冠，而鱼玄机则是女冠诗人中结局最为凄惨的一位。

鱼玄机出生在长安一个平民家庭，天资聪颖，才思敏捷，喜欢读书，善写文章，尤其会作诗。15岁时她成为补阙李亿的妾，深得宠爱，二人感情甚笃，但好景不长，因李亿的夫人“妒不能容”，遂入咸宜观做女道士，与文士频繁交往，过着自由的生活。后来她“以杀侍婢为京兆尹温璋杀之”，即她因为笞杀自己的侍婢绿翘被京兆尹温璋处死。

她留存的几十首诗歌成为后世解读唐代女性生活、情感及命运状况的宝贵资料。最近二十几年对鱼玄机诗歌的研究取得了不小的成果，无论是诗歌思想内容还是艺术方面的研究，都呈现出新的角度和各种全新的见解。有的学者从其女性意识角度出发，有的从其叛逆的性格出发，有的从探讨其与众不同的爱情观出发，还有的从其独立意识或男权社会不平等的社会现实出发，赋予鱼玄机的诗歌在现代语境下新的意义。

鱼玄机本是“长安里家女”，出身布衣。未嫁时依附于父亲，嫁人后依附于丈夫，自身没有经济来源，后因正室的嫉妒而被丈夫抛弃，不仅感情受挫，物质上也失去了保证。“茫茫九陌无知己，暮去朝来典绣衣。宝匣镜昏蝉鬓乱，博山炉暖麝烟微。”在鱼玄机的一首诗中可见其在被抛弃后曾无依无靠，经济拮据，甚至以典当衣物维持生活。虽然情感上遭到背叛，但是现实的生活仍要继续。由于唐朝兴道，对于道士、女冠，亦是待遇优渥。这给处于破产边缘的鱼玄机提供了一线生机。《唐六典》卷三云：“凡道士给田三十亩，女冠二十亩，僧尼亦如之。”《法琳别传》卷上亦云，出家人可以免于赋税和征丁，即“课税不输，丁役俱免”。入道后可以在经济上获得帮助，鱼玄机选择做女冠可以说解决了她的燃眉之急。其实，在唐代女性入道屡见不鲜。唐朝中后期，从上层的公主、贵妇到下层的宫女、歌伎，入道者甚多，“天下观一千六百八十七，道士七百七十六，女冠九百八十八”。

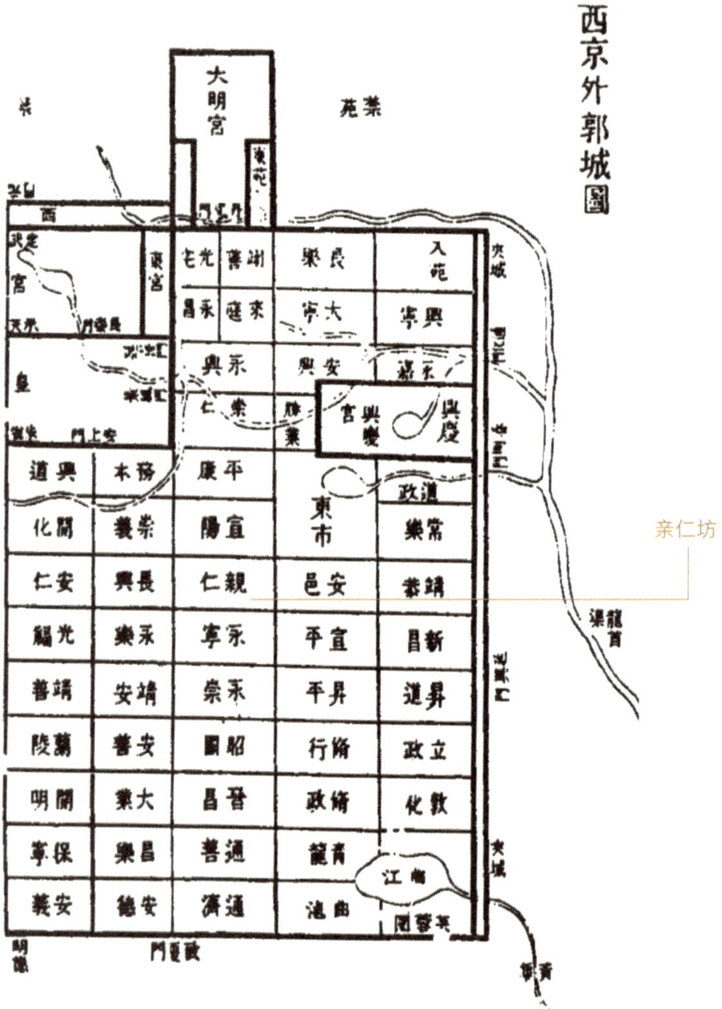
西京外郭城圖
大明宮
東市
亲仁坊

而鱼玄机所在的咸宜观，据《唐两京城坊考》记载，“亲仁坊。西南隅，咸宜女冠观”。咸宜女冠观所在的亲仁坊，紧临东市，是一个繁华热闹之所在。鱼玄机入咸宜观约在咸通六年（865年），至咸通九年（868年）被温璋判处死刑。

那么，回归到案情本身，传奇小说集《三水小牍》中的《绿翘》一篇记录了案件的过程，虽有污名化鱼玄机、美化绿翘宁死不屈的可能，但可从中探知一二。

一女童曰绿翘，亦明慧有色。忽一日，机为邻院所邀，将行，诫翘曰：“无出。若有客，但云在某处。”机为女伴所留，迨暮方归院。绿翘迎门曰：“适某客来，知炼师不在，不舍辔而去矣。”客乃机素相昵者，意翘与之私。及夜，张灯扃户，乃命翘入卧内，讯之。翘曰：“自执巾盥数年，实自检御，不令有似是之过，致忤尊意。且某客至，款扉，翘隔阖报云：‘炼师不在。’客无言。策马而去。若云情爱，不蓄于胸襟有年矣。幸炼师无疑！”机愈怒，裸而笞百数，但言无之。既委顿，请杯水酹地曰：“炼师欲求三清长生之道，而未能忘解佩荐枕之欢，反以沉猜，厚诬贞正，翘今必毙于毒手矣。无天则无所诉；若有，谁能抑我强魂！誓不蠢蠢于冥冥之中，纵尔淫佚！”言讫，绝于地。机恐，乃坎后庭瘗之，自谓人无知者。

一日，鱼玄机被附近的道院邀请，将要动身时，告诫绿翘：“你可不要出去啊。如果有客人来，就说我在外面。”鱼玄机傍晚归来，绿翘到门口迎接说：“刚才某位客人来过，知道您不在，没丢开鞍辔就走了。”鱼玄机觉得绿翘举止有些不自然，于是怀疑绿翘和此人有私情。到了夜里，张灯闭户，鱼玄机喝令绿翘进入卧房内讯问。鱼玄机用竹板打了绿翘百下，绿翘仍未承认，最终伤重而亡，被鱼

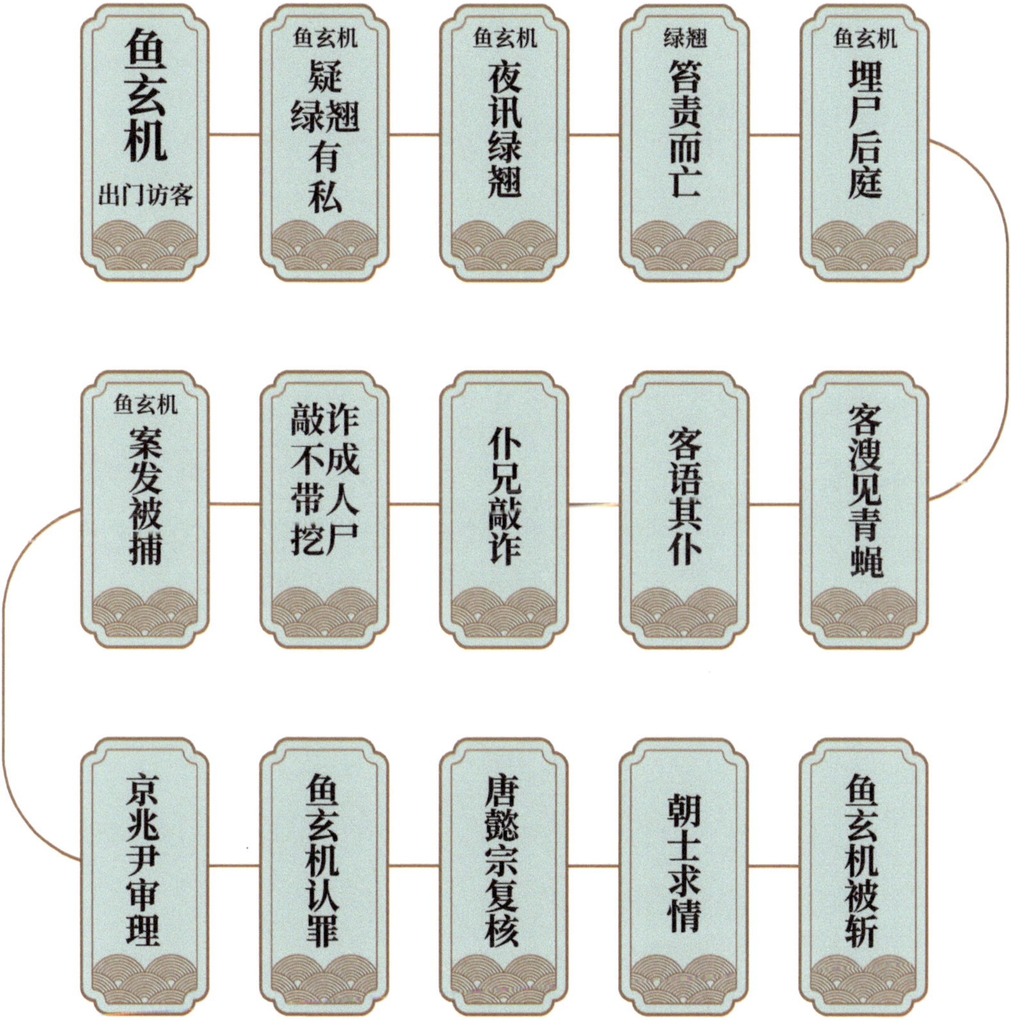
鱼玄机 出门访客
鱼玄机 疑绿翘有私
鱼玄机 夜讯绿翘
绿翘 笞责而亡
鱼玄机 埋尸后庭
客溲见青蝇
客语其仆
仆兄敲诈
敲诈不成带人挖尸
鱼玄机 案发被捕
京兆尹审理
鱼玄机认罪
唐懿宗复核
朝士求情
鱼玄机被斩

玄机埋在后院。后来绿翘的尸体被发现，鱼玄机案发被捕。

作为中华法系集大成者，《唐律疏议》有着独特的逻辑体系，它并非“诸法不分，以刑为主”，民事法律在唐律中占有很大的比重。鱼玄机杀婢案中主要人物涉及的身体法律关系主要由“名例”“户婚”两章规制。在儒家思想的浸润下，“礼法合一”也体现在唐代民事法律的方方面面，如身份上“良贱有别”，婚姻上“伦理纲常”。

在“人各有耦，色类须同”的唐代，良贱等级分明，“买奴婢、马牛驼骡驴等，依令，并立市券”。奴婢地位与牲畜相似，主人虐杀奴婢，受到的处罚很轻微，“奴婢有罪，其主不请官司而杀之者，杖一百；无罪而杀之者，徒一年”。

在出家咸宜观之前，鱼玄机是普通百姓，按唐律阶级划分即为“良人”。所谓良人指的是士、农、工、商这四类人。道教在唐代被奉为国教，女子入道后便超脱俗世，鱼玄机在入道咸宜观后，法律地位也就不同于凡人，“凡道士女冠有犯法者，州县官吏一律不得擅行决罚”，即道士、女冠犯法，州县官吏不得处罚。

《三水小牍·绿翘》中只言“一女童曰绿翘，亦明慧有色”，并未说明绿翘的身份。后世流传的鱼玄机杀婢的说法，最早是在五代孙光宪《北梦琐言·鱼玄机》中：“唐女道鱼玄机字蕙兰，甚有才思……竟以杀侍婢为京兆尹温璋杀之。”后世绿翘婢女说应当是沿用《北梦琐言》中的说法。“女童”有两种解释：一、女指性别，童指年龄，女童合在一起就是指女孩子，在道观中为鱼玄机“执巾盥数年”的女孩子，应当是鱼玄机的侍婢；二、与唐代佛道童行制度有关，绿翘是入观童行的童子，为鱼玄机所役使，其身份为尚未入道的良家子弟。由此分析，绿翘身份有奴婢说和童行说两种可能，现今学界多认同、采用奴婢说。

“奴婢贱人，律比畜产”，在唐代，奴婢作为物依附于良人，因此，在一些犯罪中奴婢以客体的身份出现，侵犯了他们，行为人会受到惩处，以保护主人的权益，可以说奴婢的法律地位极其卑贱。绿翘若为婢女，可能是鱼玄机的私属奴婢，也可能是道观奴婢，指派给鱼玄机使唤，其与鱼玄机的关系就是主仆，作为奴婢，绿翘的法律身份应当为贱民。若以鱼玄机故杀绿翘来分析此案，分为以下三种情况。

一、绿翘的身份为道观童行，且与鱼玄机身份同为良人，鱼玄机故意杀死绿翘，适用“故杀”的一般情形，即“非因争斗，无事而杀”，鱼玄机当斩。

二、绿翘身份为道观奴婢，被指派来服侍鱼玄机，即为他人奴婢，鱼玄机故意杀死他人奴婢适用《唐律疏议》卷第二十二斗讼第320条“部曲奴婢良人相殴”，“其良人殴伤杀他人部曲者，减凡人一等，奴婢又减一等。若故杀部曲者，绞；奴婢，流三千里”。根据尊卑贵贱的原则，依律加减刑罚。若良人殴奴婢致死，适用“故杀奴婢，流三千里”。综上所述，当绿翘为他人奴婢时，鱼玄机故杀绿翘，最多判流放三千里。

三、绿翘身份为鱼玄机私属奴婢，即主人杀自己奴婢，适用《唐律疏议》卷第二十二斗讼第321条“主杀有罪奴婢”，“诸奴婢有罪，其主不请官司而杀者，杖一百。其无罪而杀者，徒一年”。绿翘若真的与客人有私情，当属“和诱”，即两人你情我愿，互相引诱，“或使为良，或使为贱，限外蔽匿，俱入此条”，根据具体情形的轻重判决。鱼玄机在埋尸后，他人问起绿翘时，编造说“春雨霁，逃矣”，即绿翘在春雨过后逃走了，就是将绿翘置于“略和诱人”之罪。如果绿翘犯“和诱”，鱼玄机不经过官府审理就将她杀害，罚“杖一百”；如果绿翘无罪，鱼玄机将其杀害，当判徒一年。因此，当绿翘为鱼玄机私属奴婢时，鱼玄机故杀绿翘最多判徒刑一年。

绿翘为良人 + 故杀（非因争斗 无事而杀） = 鱼玄机当斩

绿翘为他奴 + 故杀 = 鱼玄机流三千里

绿翘为私奴 + 故杀（奴婢有罪） = 鱼玄机杖一百

绿翘为私奴 + 故杀（奴婢无罪） = 鱼玄机徒一年

绿翘为私奴 + 过失杀 = 鱼玄机免责

我们从结果来推导，鱼玄机应当是被温璋以“非因争斗，无事而杀”良人而被判“故杀”，并在秋季被执行斩刑。

据《旧唐书》记载，京兆尹温璋以其父温造的荫庇入仕，咸通末年，任徐泗节度使。徐州衙兵号称“银刀军”，很是骄横。温璋到任后，诛杀其中凶恶者500余人，从此军中畏惧法律。后入京师为京兆尹，执法极严，对犯罪起到了震慑作用，豪强一时销声匿迹。正值同昌公主薨，懿宗发怒，诛杀医官，其家属宗族下狱者300人。温璋收受贿赂，上疏极力谏奏，为医官求情，皇上大怒，贬温璋为振州司马。诏令发出，温璋叹息道：“生不逢时，死何足惜！”当天夜晚自杀身亡。不难看出，温璋执法极其严苛，就是我们通常所说的酷吏。但是从他的结局来看，他并不是有法必依、执法严明，而是从自己的喜好出发，会有一些主观臆断的成分。

从现代人人平等的视角来看，鱼玄机杀死绿翘被判死刑不算冤枉，但处于礼法等级森严的唐代就完全不同。本案中，除非绿翘的身份为童行，即尚未取得度牒的良人，鱼玄机故杀良人，侵犯与自己处于同一阶层的人的生命，应当被判处斩刑，其他四种可能的情形，都罪不至死。最多为故杀他人私属奴婢，流三千里；若为过失杀自己的私有奴婢，甚至可以不追究责任。在赎刑和制敕赦宥频繁的唐代，若案件审判和死刑复奏严格按照律法规定的程序，鱼玄机即使被判死刑也有很大的概率被赦宥。

需要注意的是，咸通九年（868年）距离唐朝灭亡已不远，大唐不过是百足之虫，死而不僵。再加上唐懿宗是个昏君，社会动荡，民变四起，用严刑峻法来镇压一切不稳定因素已成为常规手段。鱼玄机看似不必非死不可却最终身死的结果，是许多因素叠加作用的结果。其中固然有京兆尹对鱼玄机本人的刻板印象，对其生命的漠视，亦有时代洪流的裹挟。但鱼玄机最终被杀，很显然与法律规定不完全符合。完善的法律如唐律，会催生出和谐的法律文化，但法律文化不仅仅受到法律条文的影响，随着时代的流变，当适用法律的随意性变强时，无论是名噪一时的女冠诗人还是普通人，都有可能成为这种随意性的牺牲品。

器物逾制案

东土大唐奢华美器从何而来

“人生得意须尽欢，莫使金樽空对月”“五陵年少金市东，银鞍白马度春风”，李白鲜衣怒马、豪气干云的形象跃然纸上。但是，诗中描绘的金樽、金叵罗这些酒器并不是有钱就可以用的，唐代律令中对这些器物的使用有很严格的规定。《唐律疏议》卷二十六杂律第403条“舍宅车服器物”规定：

诸营造舍宅、车服、器物及坟茔、石兽之属，于令有违者，杖一百。虽会赦，皆令改去之。（坟则不改。）疏议曰：营造舍宅者，依营缮令，王公已下，凡有舍屋，不得施重拱、藻井……器物者，一品以下，食器不得用纯金、纯玉……此等之类，具在令文。若有违者，各杖一百。虽会赦，皆令除去，唯坟不改……若有犯者，并同此坐。其物可卖者，听卖。若经赦后百日，不改去及不卖者，论如律。疏议曰：舍宅以下，违犯制度，堪卖者，须卖；不堪卖者，改去之……

在金银器的使用方面，一品以下的官员不得使用纯金、纯玉制作的食器，如果违反规定，杖责一百。如果遇到大赦，也全都不能再用，能卖的必须卖掉。神龙二年（706年）九月，唐中宗李显重申《仪制令》中关于器物的内容：一品以下的官员，食器不得用纯金、纯玉制品；六品以下的官员，不得用纯银制品。

贞观十年(636年)，彭王李元则“坐章服奢僭免官”，因为衣服逾制被免除了遂州都督。开元二十一年(733年)，金吾大将军程伯献“依恃恩宠，所在贪冒，第宅舆马，僭拟过纵”，宅舍、器物逾制被贬官。唐德宗大历十四年（779年）六月，敕书应士庶自艰难以来，田宅逾制、车服奢侈，明立法度。七月，德宗就下令毁了前宰相元载、郡王马璘逾制建造的奢侈宅第。打这之后，京师楼榭之逾制者皆毁。宪宗时，户部侍郎潘孟阳“气尚豪俊，不拘小节。居第颇极华峻”，宪宗微服出游乐游原，见到了潘孟阳尚在建造的大宅，觉得甚是壮观，问左右的人，这是谁的宅子。左右以孟阳对，潘孟阳吓得赶紧停工。与李白有通家之好的范传正因为宅舍逾制，“坐治第过制，宪宗薄不用，改光禄卿”。唐宣宗时，太常卿封敖器物逾制“始视事，廷设九部乐，敖宴私第，为御史所劾，徙国子祭酒”。

提到大唐，我们往往会和盛世气象联系在一起，而精美的金银器具的日常使用，正是大唐人民生活富足的体现。唐代金银器风靡，于私可能有示好、布施、谢礼等用途，于公则是上供、进献、赏赐、充作赋税等用途。与前代不同，唐代用于赏赐的金银，以制成的器物为主。数量众多、形态各异的金银器通过赏赐流入官员家庭，对于唐代的奢侈消费发挥了极大的促进作用。但是用律令的形式加以禁止也是统治者防微杜渐，防止奢侈攀比之风的蔓延。不过，奢竞的错误不在金银器本身，而在于进献和使用它的人。这些巧夺天工的金银器穿越一千多年的时空展现在我们眼前，传递的是当时的历史、艺术和智慧水平，是我们了解传统文化的无价瑰宝。

在唐代，没有哪类物品像金银器那样造型别致、纹样丰富、工艺精巧。匠人们在金银器制作上倾注的热情和聪明才智远远超过对其他物品的投入。丰富多彩的金银器，与唐代社会的变化紧密且微妙地联系在一起，仔细观察这些造型、纹样和制法，我们不仅会惊叹唐朝艺匠卓越的创造才能和人们的艺术品位，也不难发现外来文化与中国传统巧妙的融合。

1970年，陕西西安南郊何家村窖藏文物共出土金银器皿200多件，为唐代金银器的研究提供了丰富的资料。这批金银器的制作年代上限可追溯至7

世纪中叶，下限应在盛唐晚期，即8世纪晚期。

根据这些金银器的特点可以将其划分为三个阶段。

第一阶段：7世纪至8世纪初，国内稳定，西域都护府等机构的设立使中西交通繁荣，包括金银器在内的西方器物大量传入，对中国的金银器制造业产生了深远的影响。西方的纹样、制作工艺等成为唐人学习的对象，同时唐人开始自主研制的探索。

第二阶段：8世纪中叶至8世纪末，经过前一阶段的学习实践，摆脱了西方的风格和模式，展现出盛唐的文化风貌。

第三阶段：9世纪，随着藩镇割据加剧，金银器制造业从官制慢慢发展为私营，增加了金银器的实用性，形制趋于简洁，纹样更加随意。

唐代金银器的艺术风格肯定与粟特、萨珊、拜占庭这三个地区的影响分不开。除此之外，包括贵霜、嚈哒、大食等地在内，都应被列入影响唐代金银器特征的外来因素。虽然在影响方面有主次，但是由于文化的传递性，这些地区的文化不能被截然分开，多数时候它们是相互联系的整体。

粟特以其特殊的地理位置、民族特性、历史因素，成为唐代东西交通的枢纽，这就意味着粟特在影响唐代的外来因素中具有更为重要的地位。粟特人属于伊朗系统的中亚古族，本土位于中亚阿姆河和锡尔河一带。历史上的粟特人从未形成一个统一的帝国，先后臣属于波斯、亚历山大帝国、塞琉古王朝、康居国、大月氏部、贵霜帝国、嚈哒国等。粟特人在异族统治下，非但没有灭绝，反而增强了自己的应变能力，不仅保存了独立的王统世系，而且成为中古时代控制陆上丝绸之路的一个独具特色的商业民族。粟特人在东西方之间把一方的物质文化中的精粹转运到需要的另一方。中古中国的许多舶来品，其实都是粟特人从西方各国转运而来的，谢弗教授用“撒马尔罕的金桃”来代指唐朝丰富的舶来品，是很有见地的看法。

西方文化的引入，为唐代的金银器带来了新的纹样、器形、工艺技术等。但是唐代的金银器制造工艺没有被束缚在西方的金银器制造思路中，止步于学习、模仿的阶段，而是根据自己的喜好和传统，不断开拓、创新，使唐代的金银器在规模、品质上相比前代有了质的飞跃，并开启了后代金银器制造业的辉煌。

（一）在纹饰上

图案不仅仅是附着在器物上的一种装饰，还是时代的产物，在人们的物质生活与精神生活中占有一定的位置，应该赋予它应有的历史地位与价值。可以说，唐代金银器的图案风格体现了当时的时代精神。唐代兼容并蓄的时代特性使它能够引进、吸收外来的文化元素，为己所用，进而相互融合。

如摩羯纹，摩羯是印度神话中的动物，常出现在古代印度雕塑、绘画艺术中，摩羯在中国流行于唐代以后的器物上，金银器犹多。这种纹样应该是受印度文化的影响而出现的。不过，阿富汗出土的贵霜时代遗物和中亚撒马尔罕的片治肯特粟特人遗址中，也有摩羯纹样，所以不排除其从中亚传入的可能性。

还有带翼兽纹样，如带翼的狮、鹿和独角兽等，周围绕以绳索纹圆框或花瓣。这类装饰在唐代不流行，仅出现在8世纪中叶以前的几件器物上。萨珊和粟特器物上的动物多为想象出来的形象，将各种动物添加双翼，并在四周加绳索纹圆框，即为萨珊银器中经常见到的“徽章式纹样”。唐代金银器皿上的这种纹样显然接受了萨珊艺术的内容。这种纹样后来在中国的器物上发生了改变，先是取消了圆框中的动物，代之以历代流行的宝相花类，“何家村独角兽纹圆形银盒”并存了动物和宝相花这两种风格的徽章式纹样，一面仍有口衔花草的独角兽，另一面则饰团花。宝相花是一种多层次、表现花朵整体平面的花纹，外层多出对卷的忍冬叶或勾卷组成花瓣，采用中国传统的云朵、勾卷纹样，又融汇了从西方传入的忍冬叶、莲花的部分造型。宝相花纹是唐代独具特色的纹样，图案已经模式化，是目前中国考古学界约定俗成、特指的一种纹样。唐代宝相花纹很流行。西安南郊何家村出土的“何家村莲瓣纹弧腹金碗”“何家村折枝纹圜底银碗”“何家村银耳杯”外层为圆瓣与敦煌壁画中的“云勾瓣宝相花”。宝相花纹多出现在盘、碗、盒等器物的中心部位，因为呈圆形团状的宝相花纹适合做这种装饰；宝相花瓣组合成的“莲瓣纹”则多见于碗上，适合装饰碗壁。

（二）在形制上

器物的形制，既与人们的生活方式相联系，也与审美情趣有关，从而反映出时代的变化。器物形制和纹样的变化，并非毫无根据的臆造。一直以来

“胡化之风”也影响到器皿的制作。

已知的唐代金银器皿形态多样，按形状和用途可分为杯、盘、碗、盒、壶、瓶、炉、香囊、铛、锅、豆、匜、盆、茶托、茶碾子、茶罗、盐台、笼子、香宝子、羹碗子、波罗子、蒲篮、温器、筹筒、龟形食、支架、器盖等。在这些器皿中，粟特的把杯、萨珊的长杯和拜占庭的高脚杯是中西文化交流的典型产物。

唐代的把杯无论是在杯体形制上还是在杯把形制上都对西方把杯有明显的继承和发展。“何家村人物纹金带把杯”出土于标准器物群。纹样中人物的形象和服饰，均无中国传统风格，却能在西方地区的金银器皿上找到许多相似因素，其八棱形杯体、环形联珠把及指垫、足底一周联珠也是明显的西方风格。人物采用浮雕式的做法也是西方银器的装饰特点，是较早时代的做法。因此，此杯可能是7世纪后半叶从外国输入，或者由外国工匠在中国制造的。

唐·伎乐纹八棱金杯

杯体为八棱状，浇铸成型。杯体每面以錾出的连珠纹为栏界，杯身八面分别装饰有一位手执乐器的乐师，乐师手中所执的乐器为竖箜篌、曲颈琵琶、排箫等，杯身上部有联珠组成的环形把，杯柄、杯底和八棱都装饰有连珠纹，无论造型还是装饰风格都有着浓郁的域外特征，是唐代中外文化交流的见证。

“何家村团花纹金带把杯”杯把的环和指垫呈“6”字形，杯把为卷草叶形，杯把的形态不见于西方银器中，是中国的创新样式，年代应在7世纪末。

唐·掐丝团花纹金杯

杯腹焊接以金丝编成的四朵团花，每朵团花边缘焊接排列有序的小金珠。

唐代银器中的萨珊式器物最具代表性的应数长杯。萨珊多曲长杯主要纹样是波斯主生育和丰收的阿娜希塔女神、水波鱼兽、葡萄圣树等，表现的是拜火教盛典中的信仰和故事。“白鹤缠枝纹银长杯”以萨珊长杯为蓝本，在形制上进行了忠实模仿，纹样却选择了西方银器中根本不见踪影的中国样式，通体满饰缠枝藤蔓、花草飞鸟、如意式的云头花朵等，体现出唐朝文化最初对外来文化吸收时的特征。

在中国长杯的演变谱系中，杯体深、敞口、高足等有别于萨珊器的特征，在后来的器物上沿着两个方向发展：一个方向是先将八曲改为八瓣，即每曲形成的内凹线都是从口至底，再进一步将八曲减少至四曲。另一个方向是基本保持八曲的特点，但杯体更深，几乎变成圆底碗的形态，下面的足更高，呈喇叭形，足部的棱已消失，中国流行的荷叶纹样与形体结合成为装饰。长杯在中国演变出的这两个分支是唐代的创新之处，成为两种使用功能不同的器物。从审美角度来看，较单纯的多曲改为花朵式的多瓣，区别在于前者是几何式的抽象美，后者是植物式的写实美。这一改变符合唐代艺术发展的大趋势。多曲经过流畅的变形，宛如盛开的花朵，艺术效果完全不同。杯底下面的底座更高，呈喇叭形高圈足，中国特色的莲叶纹样刻在其上，自然流畅，体现了中国人的艺术品位。

陕西西安何家村出土的“何家村狩猎纹筒腹银

高足杯”和“何家村素面筒腹银高足杯”均属于年代不晚于8世纪中叶的标准器物和标准器物群中的器物。故口部微敞、腹壁较直、杯体带突棱、高足小部有“算盘珠”式的节，应是唐代8世纪中叶以前高足杯的重要特征。

唐代的高足杯是受西方影响产生的，但这个影响的发源地究竟在哪里仍有争议。中国学者倾向于认为来源地在中亚和萨珊，而日本学者桑山正进认为这种高足杯是4世纪至5世纪罗马流行的器物，后传入中

唐 · 狩猎纹高足银杯

通体以鱼子纹为地，上下装饰有缠枝花纹，杯身主题纹饰刻画出两幅狩猎场景。

亚，中国的这种高足杯的祖型可能源于吐火罗地区。齐东方先生经过考证，认为高足杯最初应该是罗马风格的器物，拜占庭时仍沿用。唐代的高足杯类可能源于拜占庭的影响。当然，由于萨珊控制着中国通往拜占庭的要道，不能排除这种影响是间接的可能。

唐代是一个善于吸收外来文化的时代，其自身的高度文明又对外来文化有很强的融合力，高足杯这种西方特有的器物传入中国以后，中国工匠并未简单地全部仿造，而是将其改造为一种新的器物。最为明显的是器物的纹样和装饰，唐代的高足杯上的纹样主体是缠枝花卉、狐狸、葡萄和各种动物，都是常见于其他种类器物、当时人们喜爱、反映一定思想意识和审美情趣的纹样。

（三）在工艺上

唐代金银器皿类中的碗、盘、碟、杯等大多数用锤揲技术制作。用锤揲技术制作器皿，充分利用了金银板片质地较柔软的特点，逐渐锤击使板片材料按设计延展，做成需要的形制，这样一些形体简单、较浅的器皿便可以直接锤制出来。锤击成型是西亚地区早在公元前就掌握的技法，正是锤揲技术的输入与弘扬，使唐代金银器制造工艺发展进入了新阶段。萨珊波斯金银器的技法主要是以凸纹法锤出有立体感的主体纹饰，再錾刻阴线，描绘轮廓和细节。唐代早期的金银器曾较多地使用这种方法。西安何家村出土的“舞马衔杯纹皮囊形银壶”和“鎏金龟纹银盘”就是用这种装饰技法制作的精品。立体的造型，使主体纹饰突出，比平面构图显得更丰厚生动。然而，它毕竟不是中国人的传统，中国人后来在金银器上找到了自己的语言——阴錾纹饰、鱼子纹底。它承继中国传统的线性艺术，并用鱼子纹填底，增加华贵感，使纹饰不至于单薄。同时，它还不失为一种成功的表面处理手段，避免抛光和使用造成的擦伤痕迹。所以，除了盘碗内壁，盒罐等外壁都普遍用鱼子纹加工。

唐 · 舞马衔杯纹皮囊形银壶

壶身纹饰锤揲而成并鎏金，取舞马终时向皇帝行礼祝寿的姿势，正是“屈膝衔杯赴节，倾心献寿无疆”。

唐 · 双狮纹银碗

这种在碗壁上以锤揲技术制作出凹凸纹样的手法是西方器皿特有的风格。而银碗碗底的主纹饰外围环绕着绳索纹圆框的装饰手法，是波斯萨珊银器影响的产物，其形式大都为中间是狮、鹿和瑞兽，周围绕以绳索式圆框或花瓣。这种手法在萨珊银器中被称为“徽章式纹样”。银碗中双狮的对称布局符合中国传统审美中均衡对称的要求，而双狮口中的折枝花和碗体装饰的如意云头纹为典型的中国传统纹样。

除了锤揲成型和凸纹装饰手法外，初唐金银器在碗底或铛底焊接模冲的装饰圆片，使器物形成双层底。这种手法在西格鲁吉亚的伊利亚王国显贵墓葬的银碗中也曾出现。唐代盘、碗和铛等类器物通常使用装饰，大约与这种工艺传统有关。

从上文介绍可知，西方文化元素对唐代金银器的影响包括许多方面，西方的工艺、美术、品位等传到中国，影响了唐代的风尚，推动了唐代金银器的发展和创新。引入物品是对外交流的初级阶段，“开放的唐代以追求新奇为时尚，输入的外来物品担当了文化传播的角色。造型和纹样新颖的外来器物首先成为模仿的对象”。西方的文化与唐文化的交流是多角度、深层次的，但是从这些唐代金银器受到的影响中，大多看到的是物质层面的交流，而较少看到精神层面的交流。在西方文化中，宗教文化可能高度概括了该信仰人群的好恶、习惯、行为

理念和价值选择，因此，宗教在他们的生活中有很重要的地位，而作为体现时代精神和物质水平的器物，如金银器，就经常带有宗教文化的符号。比如信仰基督教的地区，就会经常看到十字架、玫瑰花等图案。而把祆教当作国教的粟特人，他们的器物上就会有祆教的特征：拜火用的火坛、戴大口罩的祭司、人面鸟身神、日月图像、丧葬场景中的犬视等图像。但在唐代金银器的纹饰中，很少看到基督教和祆教等宗教特征纹饰。为什么在中西文化的交流中体现文化内核的宗教文化却没有交流呢？开放、包容如唐文化，为什么在交流中仍有保留？或许可以把这种现象解释为，在文化的交流、碰撞中，首先是技艺、器物形制等物质层面的，而体现文化内在的精神层面则是较为缓慢、困难的。或许文化的交流相互吸引的主要是外表，真正的内核却是相互排斥的。